고난주간 설교

# 고난
# 그리고
# 부활

고난주간 설교

# 고난 그리고 부활

발행일 2025년 11월 10일

지은이 홍동필
펴낸이 김기영
펴낸곳 도서출판 영음사

주 소 서울특별시 강남구 광평로 56길 8-13, 1406호
전 화 02-3412-0901
팩 스 02-3412-1409
이메일 biblecomen@daum.net
등 록 2008년 4월 21일 제2021-000311호

978-89-7304-203-6(03230)

고난주간 설교

# 고난 그리고 부활

저자 홍동필

SUFFERING
and RESURRECTION

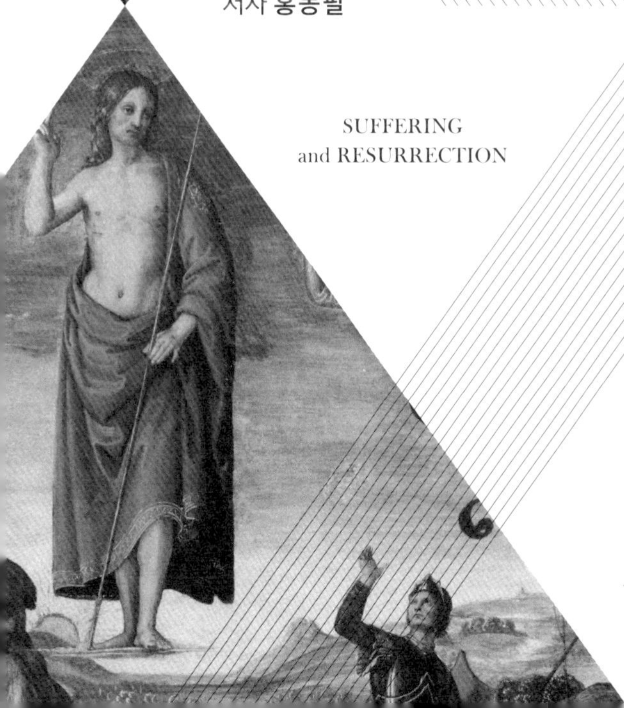

도서출판 **영음사**

# 목차


1. 성전을 청결케 하신 예수님 *11*
마가복음 11:15–19

2. 열매 없음에 대한 교훈 *21*
마태복음 21:18–22

3. 신앙의 아름다움 *37*
마가복음 14:1–9

4. 나와 함께 깨어 있으라 *50*
마태복음 26:36–46

5. 엘리 엘리 라마 사박다니 *70*
마태복음 27:45–49

6. 성소 휘장이 찢어지다 *83*
마가복음 15:37–39

7. 예수님 살아나셨습니다 *94*
누가복음 24:1–12

8. 마리아와 부활의 예수님 *116*
요한복음 20:11–18

# 서문

· · · · ·

목회자에게 절기 설교는 부담으로 다가옵니다. 특별히 매년 돌아오는 고난주간에는 목회자가 매년 반복되는 설교를 해야 하기에 상당한 압박을 받지 않을 수 없습니다. 저 역시 그런 사람 중 하나입니다. 그래서 이미 2012년에 '인류를 위한 마지막 여정'이란 제목으로 고난주간 설교집을 내었습니다만 혹시 저와 같은 목회자에게 도움이 될까 해서 2025년 고난주간 새벽예배와 부활주일 예배 설교를 모아 설교집으로 내게 되었습니다.

고난주간 새벽예배는 전주새중앙교회 성도들과 함께 주님께서 받으신 고난의 의미를 생각하면서 기도하는 소중한 시간이었습니다. 십자가를 향한 주님의 걸음은 한 치의 흐트러짐도 없고 한 치의 오차도 없이 정확하게 십자가를 향하셨습니다. 주님은 이 세상에 오신 목적을 잊지 않으셨고 수시로 제자들에게 자신이 오신 목적을 정확하게 말씀하셨습니다. 그리고 십자가를 향한 어떤 방해도 용납하지 않으셨습니다. 이것은 우리를 구원하기 위한 주님의 열정과 아낌없이 베푸신 사랑이었습니다.

매년 고난주간에 함께 예배하며 함께 기도하고 함께 웃고 함께 울었던 전주새중앙교회 성도들이 있어 행복했습니다. 이 책을 내는 데 도움을 주신 김상수 집사님(정미자 권사님)의 사랑과 헌신에 감사드립니다. 그리고 이 책을 꼼꼼히 살피고 교정해 준 김윤기 목사와 홍진영 목사에게 감사드립니다. 여기에 수록된 내용 중 잘못된 해석이 있다면 전적으로 저의 부족함임을 말씀드립니다. 이 책을 통해 우리의 구원을 이루기 위해 고난을 자원해서 몸소 당하신 주님의 은혜가 가득하길 바라며, 모든 영광을 하나님께 올려 드립니다.

2025년 초겨울

전주새중앙교회 목양실에서

홍 동 필 드림

고난주간 설교

# 고난 그리고 부활

SUFFERING
and RESURRECTION

## 1.

# 성전을 청결케 하신 예수님

• • • • •

마가복음 11:15-19

공생애를 마감할 시기에 주님께서 제일 먼저 하신 일은 성전을 청결하게 하신 일입니다. 사실 성전을 청결하게 한 일은 이번이 처음이 아니라 두 번째입니다. 처음에는 공생애를 시작하면서 성전을 청결하게 하셨습니다. 그리고 오늘 공생애를 마감하면서 성전을 청결하게 하신 겁니다. 공생애를 시작하시면서도 성전을 청결하게 하시고 공생애를 마감할 시기에도 성전을 청결하게 하셨다는 사실입니다. 이를 보면 예수님의 초점이 성전에 있음을 알 수 있습니다.

## 더러워진 성전

"성전을 청결하게 했다"라는 말은 원래 성전이 더러웠다는 뜻입니다. 성전이 더러웠다는 것은 충격입니다. 왜냐하면 성전은 하나님을 만나는 곳이고, 하나님을 경배하는 곳이기 때문입니다. 성전이 더러웠다는 것은 주님에게는 너무나도 큰 충격입니다. 아니 예수 믿는 모든 신자에게도 "성전이 더러웠다" 그러면 충격입니다. 예수 믿는 사람만이 아니라 안 믿는 사람들도 마찬가지입니다. "성전이 더럽다", "더러워졌다" 그러면 충격이라 이 말입니다. 더러워진 성전을 예수님께서 어떻게 하십니까? 돈 바꾸는 자들의 상과 비둘기 파는 자들의 의자를 둘러엎으시고, 아무나 성전 뜰을 가로질러 물건 나르는 것을 허락하지 않으신 것입니다.

예수님이 화가 나신 이유는 성전 곧 예수님의 집을 강도의 소굴로 만들었기 때문입니다. 만민이 기도하는 집을 강도의 소굴로 만들었다는 것입니다. 영혼을 살리는 집을 영혼을 죽이는 집으로 만들었다는 것입니다. 국어사전을 찾아보면 "강도"는 "폭행이나 협박 따위로 남의 재물을 빼앗는 도둑"이라고 말해줍니다. 따라서 "강도의 소굴"이란 말은 도둑 따위와 같이 해를 끼치는 무리가 활동의 근거지로 삼는 곳입니다. 만민이 기도하는 집을, 하나님을 겸비하고 하나님께 기도하는 경건한 성전을 남에게 해를 끼치는 무리가 활동하는 근거지로 만들었다는 것입니다. 이것을 쉽게 말하면 사람을 살리고 영혼을 살리는 성전을, 사람을 죽이고 해를 끼치는 장소로 만들었다는 것입니다.

사람을 살리는 것이 무엇입니까? 사람의 영혼을 살리는 것이 무엇입니까? 하나님을 만날 때 사람은 살고, 하나님의 말씀으로 은혜를 받을 때 그 영혼은 살게 됩니다. 그런데 하나님을 만나 영혼을 살리는 예루살렘 성전을 오히려 사람을 죽이고 강탈하는 강도의 소굴로 만든 것입니다.

## 성전을 더럽게 만든 사람들

성전을 더럽게 만든 사람들이 누구입니까? 성전을 더럽게 만든 사람들은 예루살렘 종교 지도자들입니다. 성전을 청결하게 하는 예수님을 향해 대제사장들과 서기관들이 분노합니다. 그런데 예수님은 이들을 강도로 묘사하고 있습니다. 제사장이란 예루살렘 성전에서 하나님께 제물을 바치는 일에 수종 드는 자입니다. 대제사장은 일 년에 한 차례씩 지성소에 들어가 하나님 앞에 서서 이스라엘 백성을 위해 중보하는 자입니다. 서기관은 구약성경을 연구하고 해석하는 학자입니다. 그런데 예수님은 이들을 향해서 예루살렘 성전을 강도와 소굴로 만드는 악한 강도라고 말씀하십니다.

사실 예루살렘 종교 지도자들이 한 것은 제사하러 오는 성도들을 위해 수고하고, 편리를 봐준 것입니다. 저 먼 곳에서부터 예루살렘까지 양, 염소, 소, 비둘기를 흠 없이 몰고 오는 것은 어려운 일입니다. 오는 도중에 흠이 생기게 마련입니다. 그것만이 아니라 누군가는 외국에서 제사 드리러 오는 사람들에게는 제물로 사용할 짐승을 팔아야 외국인도 그것을 사서 하나님 앞에 제사를 드릴 수가 있는 것입니다. 이처럼 멀리서 오는 이스라엘 백성들과 멀리서 오는 외국인들을 위해서 성전에서 그것들을 팔았습니다. 그러나 하나님께 제사를 드릴 수 있도록 편리하게 해주는 것은 좋지만 성전의 본래 목적에서 벗어나는 순간 문제가 생기게 된 겁니다.

## 참 성전이신 예수님

중요한 것은 예수님께서 그들을 향해 예루살렘 성전에 대해

뭐라고 말씀하시냐면 "내 집"이라 말한다는 점입니다. "내 집은 만민이 기도하는 집이라." 예루살렘 성전을 "내 집"이라 "나의 집"이라 이렇게 말씀하신 것입니다. 누가 감히 예루살렘 성전을 "내 집"이라고 말할 수가 있습니까? 인생 중에는 아무도 없어요. 사람들은 예루살렘 성전을 "하나님의 집"으로 믿었습니다. 그런데 예수님께서는 예루살렘 성전을 향해서 "내 집"이라고 말씀하신 거라 이 말입니다. 이 말은 예수님 자신이 하나님이라는 뜻입니다. 예루살렘 성전이 하나님을 만날 수 있는 곳이고, 예루살렘 성전을 통해서만 하나님께 제사를 드릴 수 있습니다. 그렇다면 예수님께서 예루살렘 성전을 "내 집"이라고 말씀하신 것은 자신이 예루살렘 성전과 같다, 예수님 자신이 성전이라는 것을 의미하고 있다는 것입니다.

사실 예수님은 공생애를 시작하면서, 첫째, 성전을 청결하게 할 때 유대인들이 이런 일을 행하는 표적을 보여달라고 말할 때 "성전을 헐라 그리하면 사흘 동안에 일으키리라" 말씀하시면서 성전 된 자기 육체를 말씀하셨다고 말해줍니다.

18 이에 유대인들이 대답하여 예수께 말하기를 네가 이런 일
을 행하니 무슨 표적을 우리에게 보이겠느냐 19 예수께서 대

답하여 이르시되 너희가 이 성전을 헐라 내가 사흘 동안에 일
으키리라 [20] 유대인들이 이르되 이 성전은 사십육 년 동안에
지었거늘 네가 삼 일 동안에 일으키겠느냐 하더라 [21] 그러나
예수는 성전된 자기 육체를 가리켜 말씀하신 것이라 [22] 죽은
자 가운데서 살아나신 후에야 제자들이 이 말씀하신 것을 기
억하고 성경과 예수께서 하신 말씀을 믿었더라(요 2:18-22).

예수님께서 성전과 자기 몸을 동일시하신 궁극적인 이유가 무엇일까요? 구약 시대에 이스라엘 백성들이 오직 하나님을 만나고 제사를 드릴 수 있는 딱 하나의 통로는 성전이었습니다. 성전이 아니고는 하나님을 만날 수도 없고 제사 드릴 수도 없었습니다. 그래서 제사장들은 어떤 일이 있어도 성전에서 매일같이 제사를 드린 것입니다. 요한복음 14:6에 보면 주님께서 이렇게 말씀하세요.

예수께서 이르시되 내가 곧 길이요 진리요 생명이니 나로 말미암지 않고는 아버지께로 올 자가 없느니라(요 14:6).

이 말은 하나님을 만나는, 경배할 수 있는 유일한 교제의 통

로는 예수님 한 분밖에 없다는 뜻입니다. 더 나아가 하나님께 갈 수 있는 유일한 통로도 예수님밖에 없다는 뜻입니다. 예루살렘 성전은 바로 예수님의 표상이었는데, 십자가 사역이 완성된 후에는 더 이상 예루살렘 성전을 통해 하나님을 경배하지 않습니다. 오직 예수님을 통해 하나님께 경배하고 기도하는 것입니다. 그래서 우리가 기도할 때 예수님의 이름으로 기도함으로 하나님께 나아가게 되고, 하나님을 만나게 되는 것입니다.

교회의 주인은 예수 그리스도이십니다. 주님은 오늘도 교회를 깨끗하고 아름답게 하십니다. 교회를 교회답게 하신다는 뜻입니다. 성전을 청결하게 하시는 이유가 무엇입니까? 성전 본래의 모습을 회복하게 하시기 위해서입니다. 성전은 만민이 기도하는 집입니다. 성전에서 하나님을 만납니다. 영적으로 무력한 사람들이 성전에서 힘을 얻게 됩니다. 영적으로 소망 없는 사람들이 주님을 만남으로 소망을 갖게 됩니다.

## 예수님이 원하시는 것

누가 성전을 더럽혔을까요? 세상 사람들이 아니고 성전 밖에 있는 사람들이 아닙니다. 성전 안에서 활동하는 사람들이 성전을 더럽힌 것입니다. 오늘날에도 마찬가지예요. 교회를 더럽히는 사람들은 세상 사람들이 아닙니다. 교회 밖에 있는 사람들이 아니라는 사실입니다. 교회의 모습, 교회 환경, 교회의 분위기는 예수 믿는 성도들이 만들어 냅니다. 교회를 더럽게 하는지 아니면 깨끗하게 하는지는 그 교회 성도들이 만든다는 사실입니다. 주님이 우리 교회에 오실 때 과연 어떻게 말씀하실까요? 아니 주님께서 우리 자신을 볼 때 뭐라고 말씀하실까요? 주님은 우리 교회가 만민이 기도하는 곳, 하나님을 만나는 곳이 되기를 원하십니다. 주님은 우리가 깨끗하기를 원하십니다. 주님을 위해서 깨끗하기를 원하시고 세속에 물들지 않기를 원하십니다. 시대정신에 합류하지 않기를 원하십니다. 모두가 주님께 합당하게 서기를 원하십니다.

2025년 고난주간을 통해서 우리가 새롭게 되기를 원합니다. 내 영혼과 내 마음을 깨끗하게 청소하는 기회가 되기를 바랍니다. 성전의 주인이신 주님은 우리의 주인 되시고 교회의 주인이 되십니다. 주인 되신 주님께서 우리가 깨끗하기를 원하시고, 교회가 깨끗하기를 원하십니다. 어제까지의 일들은 잊어버리고 오늘 깨끗하기를 원하시는 그 주님의 음성을 들으면서 나 자신을 살피고 내 죄를 하나님 앞에 회개하고 돌이키고 새롭게 되는 고난의 첫날이 되기를 바랍니다. 기도하겠습니다.

• • • • •

하나님, 고맙습니다. 2025년 고난주간 첫날 이 새벽에 함께 모여 예배를 드리고 말씀을 청종하게 하시니 고맙습니다. 주님으로만 하나님을 만날 수 있고, 주님의 이름으로만 기도할 수 있음을 알게 해주시니 고맙습니다. 하나님, 교회를 깨끗하게 하는 저희 되게 해주옵소서. 우리 몸을 깨끗하게 하는 저희 되게 해주옵소서. 진실함과 깨끗함으로 교회와 우리 자신이 가득 채워지게 해주옵시고 세상 물결과 유행에 흔들리지 않게 해주옵시고 우리 교회가 하나님만 믿고 의지하는 교회가 되어서 어느 누구든지 교회에 왔을 때 주님 만나는 역사가 있게 하여 주옵소서. 주님으로 말미암아 영생 얻고 영혼이 맑아지고 천국을 소유하는 이런 일들이 있게 하여 주옵소서. 이 새벽에도 주님 앞에 나와 엎드려 간구하는 성도들의 간구를 응답하여 주옵소서. 그리고 우리 모두가 다 참으로 믿음으로 사는 한 날이 되게 해주옵시고 몸이 아픈 성도에게 건강을 주시고 하나님 아버지, 슬픔을 당한 가정에 위로하여 주옵시고 오랜 병으로 누워 있는 어르

신들에게 주께서 그 영혼을 맑게 하시고 친히 인도하여 주옵소서. 예수님의 이름으로 기도하옵나이다. 아멘.

## 2.

# 열매 없음에 대한 교훈

• • • • •

마태복음 21:18-22

예수님께서 아침 일찍 예루살렘 성전을 향해서 올라가십니다. 시장하세요. 그리고 예수님께서 무화과나무에 열매가 있는가 하고 찾아보니까 잎은 무성한데 열매가 없습니다. 그래서 저주합니다. 월요일에 저주했는데 화요일에 와서 보니까 "뿌리째 말랐더라." 이렇게 말합니다. 뿌리째 말랐어요. 그러니까 제자들도 궁금하고 베드로가 궁금해서 물어봅니다. "이게 도대체 어떻게 된 일인가?" 마가복음 11:12-14에 보면 놀랍게도 예수님께서 "무화과의 때"가 아니라고 말합니다. 그런데도 예수님께서 저주

하십니다.

> [12] 이튿날 그들이 베다니에서 나왔을 때에 예수께서 시장하
> 신지라 [13] 멀리서 잎사귀 있는 한 무화과나무를 보시고 혹 그
> 나무에 무엇이 있을까 하여 가셨더니 가서 보신즉 잎사귀 외
> 에 아무것도 없더라 이는 무화과의 때가 아님이라 [14] 예수께
> 서 나무에게 말씀하여 이르시되 이제부터 영원토록 사람이
> 네게서 열매를 따 먹지 못하리라 하시니 제자들이 이를 듣더
> 라(막 11:12-14).

무화과의 때가 아닌 것을 예수님께서 아세요. 그런데도 열매가 없다는 것을 주께서 보시고는 저주합니다. 사실 베드로가 몹시 궁금한 거예요.

> [20] 그들이 아침에 지나갈 때에 무화과나무가 뿌리째 마른 것
> 을 보고 [21] 베드로가 생각이 나서 여짜오되 랍비여 보소서 저
> 주하신 무화과나무가 말랐나이다(막 11:20-21).

오늘 본문에 보면 제자들이 질문했다고 말합니다. 그때 예수

님께서 다른 말씀 하시지 않아요. 이렇게 말합니다.

21 예수께서 대답하여 이르시되 내가 진실로 너희에게 이르
노니 만일 너희가 믿음이 있고 의심하지 아니하면 이 무화과
나무에게 된 이런 일만 할 뿐 아니라 이 산더러 들려 바다에
던져지라 하여도 될 것이요 22 너희가 기도할 때에 무엇이든
지 믿고 구하는 것은 다 받으리라 하시니라(마 21:21-22).

"왜 무화과나무가 뿌리째 말랐습니까?"라고 물어보면 "열매가 없어서 그렇다" 그러면 이해가 되고 참 쉬운데 놀랍게도 그 말씀을 하시지를 않고 "너희가 만약에 믿음이 있고 의심하지 않는다면 이 무화과나무에게 된 일만 아니라 너희가 이 산더러 들려 바다에 던져지라 해도 된다"라고 말하고 "너희가 기도할 때 무엇이든지 믿고 구하는 것은 다 받으리라"고 말해줍니다. 의외로 기도와 그 응답에 대해서 주께서 말씀하시는 거예요.

## 무화과나무가 존재하는 이유

여러분, 무화과나무가 왜 존재합니까? 무화과나무가 존재하

는 이유는 딱 하나예요. 그것은 열매를 맺어서 사람들에게 먹게 하기 위해서 있는 겁니다. 더 쉽게 말하면 시장한 사람들의 배고픔을 달래주기 위해서 즉 사람을 위해서 무화과나무가 있는 거라 이 말입니다. 배고픈 때에 열매가 없으면 화가 나는 거죠. 배고픈 때에 열매가 없으면 짜증이 난다 이 말입니다. 어린아이들이 언제 짜증을 냅니까? 배가 고프면 짜증을 내요. 말 못 하는 그 갓난아기가 배가 고프면 울어 젖힙니다. 그런데 조금 더 생각하면 무화과나무가 왜 있습니까? 왜 하나님께서 무화과나무를 만드셨을까요? 하나님을 위해서 만드신 겁니다. 창조주 하나님께서 온 우주 만물을 만드신 이유가 무엇일까요? 하나님을 위해서 온 우주 만물을 창조하신 것입니다.

그런데 어제 예루살렘 성전에 입성하시고 성전을 청결하게 하신 후에 베다니에 내려가셨습니다. 누구 집에 계셨는지는 몰라요. 왜냐하면 베다니에는 나사로의 집만 있는 게 아니라 문둥이 시몬의 집도 있기 때문에 나사로 집에만 갔다고 볼 수가 없습니다. 누구 집에 갔는지 잘 모르지만 베다니에서 다시 예루살렘 성전에 올라오시는데 시장하십니다. 여러분, 이 세상에 권력을 가진 왕이 언제 배고픕니까? 왕이 배고픈 때는 특별한 때입니다. 전쟁 중에 쫓기든지 아니면 어떤 재난이 있어서 먹을 것이 없을 때입니다. 이 외에는 왕은 항상 진수성찬을 먹습니다.

그런데 주일날 나귀를 타고 입성하신 예수님은 한 나라의 왕이 아니라 온 천지 만물의 주인이시고 왕이신 우리 주님 예수 그리스도이십니다. 군중들이 감람나무를 꺾어서 환영합니다. 제자들이 겉옷을 벗어서 나귀의 안장이 올려놓고는 그 길에다가 나뭇잎을 꺾어서 대대적으로 환영합니다. 놀라운 일은 어린아이도 "호산나 다윗의 자손이여" 그러면서 큰 소리로 외칩니다. 그런데 대제사장들과 서기관들, 가장 주님을 열렬히 환영해야 할 그들이 환영하지 않습니다. 마태복음 21:14에 보면 예수님이 성전에 들어가셨을 때 성전 안에 있는 맹인과 저는 자들이 성전에서 예수께 나아오매 고쳐주셨다고 합니다. 자신을 환영하지 않는 분위기 가운데 예수님은 맹인과 저는 자들을 고쳐주십니다.

여러분 주께서는 무화과나무가 언제 열매 맺힐 것인가를 잘 아십니다. 모르는 분이 아니에요. 왜냐하면 천지 만물을 창조하신 하나님이기 때문에 그렇습니다. 그리고 제자들을 향해서 가르칠 때도 이렇게 말씀하셨습니다. "무화과나무의 비유를 배워라. 그 가지가 연하여지고 잎사귀를 내면 여름이 가까운 줄을 아나니." 무화과의 때가 있고 그때가 지나면 여름이 가까운 것을 상식적으로 아시는 분이 예수님이십니다.

여러분, 그 주님이 열매 없다고 무화과나무를 저주할 때, 화요일 날 아침에 올라가서 보니까 뿌리째 말라버리고 만 거예요. 나뭇잎이 말랐다든지 가지가 말랐다든지 그게 아니라 뿌리째 말라버렸다는 사실입니다. 여러분, 무화과나무에 열매가 없을 때, 주께서 찾으시는 그때가 열매를 맺는 때든지 아니든지 그게 중요하지 않다는 거예요. 주인 되시는 하나님이 요구할 그때, 열매가 없으면 이런 저주를 받을 수밖에 없다는 거예요. 그러면 사람은 어떻습니까? 말할 필요가 없습니다.

## 사람을 창조하신 이유

이사야서에 보면 "내가 내 백성을 창조하나니 곧 나를 찬송하기 위해서 지으셨다"라고 말씀해 주십니다. 하나님이 사람을 창조하신 이유가 무엇일까요? 하나님을 위해서 창조했다고 말합니다. 오늘 이 시대를 보십시오. "내 인생은 내 것"이라고 말합니다. 자신이 죄인인 것처럼 말해요? 아니요. 그러나 그런 인생도 믿음이 들어가면, 말씀을 깨달으면 "내가 왜 존재하는가?" 하나님의 영광을 위해서 존재하는 것을 깨닫게 됩니다. 내가 말 한마디 하는 것, 내가 행동 하나 하는 것이 하나님과 연관되어 있음을 깨닫는다 이 말입니다. 말을 함부로 하지 않습니다. 인생을 함부로 살지 않아요. 내가 기분 나쁜 일이 생겼어도 그것 때문에 죄를 짓지 않는다 이 말이죠. 다른 사람 같으면 원수를 갚아도 몇 번 갚을 그런 일인데 갚지를 않아요. 왜냐하면 내가 하나님의 영광을 위해서 존재한다는 것을 알기 때문입니다. 믿음의 사람이 얼마나 복 받은 존재인가를 진리를 알면 우리는 깨닫습니다. "이야 진짜 예수 믿는 것이 얼마나 큰 복인가! 믿음으로 산다는 게 얼마나 복된가!"를 깨달아요. 왜냐하면 창조주 하나님과 직결되어 있다는 것을 알기 때문입니다.

우리가 정성을 다해서 찬송하는 것, 아름답습니다. 누구에게 향하는 거예요? 하나님께 향하는 겁니다. 세상의 모든 사람은 노래를 열심히 해서 사람들에게 보여주고 들려주고 그 영광을 자기가 차지합니다. 아니요. 믿음이 들어가고 신앙이 있고 진리를 알면 알수록 생각이 달라집니다. "하나님이 나를 이 시대에 살게 하신 목적이 무엇일까? 도대체 '나'라는 존재를 왜 지금 이 땅에 이렇게 존재하게 하시는가?" 꼭두새벽에 일어나서 나오지 않는 목소리로 준비해서 하나님을 찬송하는 이것이 얼마나 복된가를 깨닫습니다. 누가 깨달아요? 믿음의 사람이 깨달아요. 예수 믿는 사람이 깨닫는다 이 말입니다.

그런데 인간의 오만함, 교만함이 죄를 짓게 합니다. 문제의 해결자가 하나님이신데 내가 교만해요. 내가 오만합니다. 말씀을 듣지 않아요. 선악과를 따먹습니다. 여러분, 오늘 이 시대에도 마찬가지예요. 누가 죄를 짓습니까? 하나님이 "너 죄 안 지으면 내가 너 죽일 거야." 그렇게 말하지 않으세요. 마귀도 마찬가지예요. "너 죄 안 지으면 내가 너 그만 가만 안 둘 거야." 마귀도 그렇게 하지 않습니다. 내가 스스로 생각하고 내가 스스로 흥분하고 내가 스스로 착각을 하는 거죠. 그리고 내가 죄를 짓습니다. 무너져 내려요. "그래도 내가 이 정돈데, 내가 사람들의 말에 의해서 이렇게 돼? 나 교회 안 가! 나 기분 나빠! 나 안 가! 안 해!" 여러분 그게 오만입니다. 내가 왜 존재하는가를 몰라요. 왜 하나님이 나를 이 땅에 태어나게 했는가를 모른다 이 말이에요. 그러니까 늘 불만이죠. 늘 오만한 마음을 가지게 되는 거라 이 말입니다. 누구는 돈 좀 있어요. 그런데 누가 돈을 주셨습니까? 그런데도 착각하는 거예요. 내가 마치 돈 있는 것처럼 생각합니다. 건강, 누가 주셨습니까? 마치 내가 열심히 일하고 운동해서 건강한 것처럼 생각합니다. 아닙니다. 하룻밤 사이에 충이 먹고 죽은 헤롯입니다. 하나님의 영광을 가릴 때 그는 죽고 맙니다. 나를 오늘 살게 하신 분은 하나님이세요. 여러분, 그것을 믿습니까? 이것을 놓치니까 예수를 믿어도 자꾸 오만한 생각을 가지게 되는 겁니다.

## 누가 예수님을 경배해야 하는가

왕 되신 예수님이 예루살렘 성전에 입성하는데 진짜 환영해야 할 유대인들, 종교 지도자들이 환영하지 않습니다. 대제사장들과 서기관들이 이렇게 쳐다보니까 안 맞아요. 예수님이 영광을 받으시는 것을 보고 뒤틀리는 겁니다. 예수님께서 맹인을 고치시고 병자들을 고치신 것을 대제사장들과 서기관들이 보고 이상한 일이라고 말해요. 또 성전에서 소리 질러 "호산나 다윗의 자손이여" 하는 어린아이들을 보고 노했다고 말합니다. 이어서 마태복음 21:16-17은 이렇게 말합니다.

> 16 예수께 말하되 그들이 하는 말을 듣느냐 예수께서 이르시
> 되 그렇다 어린 아기와 젖먹이들의 입에서 나오는 찬미를 온
> 전하게 하셨나이다 함을 너희가 읽어 본 일이 없느냐 하시고
> 17 그들을 떠나 성 밖으로 베다니에 가서 거기서 유하시니라
> (마 21:16-17).

여러분, 누가 예수님을 경배하고 찬양하는 것을 싫어하고 노여워합니까? 대제사장들과 서기관들입니다. 그것을 예수님께서 이렇게 끌어당겨서, 정말 예수님을 환영하고 경배하고 존귀하게 여겨야 할 이스라엘 백성들이 그렇게 하지 않는다는 사실을 말씀하십니다. 누구보다도 열매가 풍성해야 할 종교 지도자들, 유대인들, 이스라엘이 예수님을 모시고 대대적으로 환영해야 하는데 그렇게 하지를 않습니다. 오히려 배척합니다. 공격하고 시기하고, 그날 이후부터 어떤 일이 벌어지냐면 예수님을 죽이려고 모의하기 시작합니다.

주님께서 다른 어느 민족, 나라보다도 이스라엘 백성들을 사랑해서 그들에게 하나님의 말씀을 전하고 복음을 전하고 기적을 행했는데도 그들은 어떻게 합니까? 십자가에 못 박았습니다. 누가? 유대인들, 종교 지도자들입니다. 극상품을 심었는데 들포도를 맺은 거예요. 이게 이미 일찍이 이사야 선지자를 통해서 주께서 말씀하신 겁니다.

> 1 나는 내가 사랑하는 자를 위하여 노래하되 내가 사랑하는 자의 포도원을 노래하리라 내가 사랑하는 자에게 포도원이 있음이여 심히 기름진 산에로다 2 땅을 파서 돌을 제하고 극

상품 포도나무를 심었도다 그 중에 망대를 세웠고 또 그 안에 술틀을 팠도다 좋은 포도 맺기를 바랐더니 들포도를 맺었도다 [3] 예루살렘 주민과 유다 사람들아 구하노니 이제 나와 내 포도원 사이에서 사리를 판단하라(사 5:1-3).

주님은 우리가 열매 맺기를 원합니다. 무화과나무가 열매를 맺어야 하듯이 오늘 우리도 열매 맺기를 원하신다는 사실입니다. 여러분의 열매가 무엇입니까? 똑똑함입니까? 돈 많이 버는 겁니까? 돈 많이 벌었으면 한 달에 500만 원씩 벌어서 주님을 섬기는 사람들, 만약에 1,000만 원 벌면 2배로 섬겨야 하지 않겠습니까? 그렇게 하지 않을 거예요. 계산해서 할 겁니다. 1,500만 원 버는 사람은 3배로 섬겨야 하는데 그렇게 하지 않을 거예요. 결국 믿음의 분량대로 갈 겁니다.

## "뿌리째 말랐다"는 말의 의미

예루살렘 성전이 주후 70년에 송두리째 파괴되고 맙니다. 그리고 예수님을 십자가에 못 박았습니다. 그것으로 끝나지 않는다는 사실이에요. 이게 중요한 겁니다. 부활하시고 난 뒤에도 여전히 공격하는 겁니다. "부활을 안 했다"라고 "제자들이 도둑질해 갔다"라고 말합니다. 이런 일은 언제부터 벌어지냐면 창세기 3장, 인간이 죄를 짓고 난 뒤부터입니다. 주님 오시는 그날까지 이런 일이 벌어지는데, 예수 믿는 자, 믿지 않는 자, 하나님 편에 있는 자와 마귀의 편에 있는 자가 끊임없이 주님 오시는 그날까지 있게 됩니다. "봐라, 뿌리째 마르듯이 이렇게 환영하지 않은 예루살렘 성전이 결국은 흔적도 없이 사라지고 만다"라는 겁니다. 그 이후에 이스라엘 백성들은 2,000년 동안 나라를 잃고 헤맵니다.

초대 예루살렘 교회가 세워져서 부흥하는데 극심한 핍박과 박해가 있습니다. 스데반을 죽입니다. 그때 이후로 사도 이외에는 모두가 예루살렘을 떠나게 되고 이스라엘을 떠나 사마리아로 가고 세상으로 흩어져 가게 됩니다. 이런 일이 끊임없이 이어져 가게 된다는 것입니다.

## 영적 전쟁에서 이기는 힘

말씀 한마디로 무화과나무가 뿌리째 말라버린 것처럼 앞으로 영적인 전쟁이 주님 오시는 그날까지 끊임없이 이어지는데 그것을 이길 수 있는 것은 무엇인가? 요즘 우리 한국 사회에서 머리에 띠 두르고 고함을 지르고 떼로 모여서 외치는 그것인가? 아니라는 겁니다. 딱 하나예요. 믿음이라고 말합니다.

[21] 예수께서 대답하여 이르시되 내가 진실로 너희에게 이르노니 만일 너희가 믿음이 있고 의심하지 아니하면 이 무화과나무에게 된 이런 일만 할 뿐 아니라 이 산더러 들려 바다에 던져지라 하여도 될 것이요 [22] 너희가 기도할 때에 무엇이든지 믿고 구하는 것은 다 받으리라 하시니라(마 21:21-22).

영적인 전쟁, 아니 교회를 향해서 끊임없이 박해하고 핍박하고 예수를 잘 믿는 사람에게 끊임없이 공격하는 대상이 있다는 거예요. 언제까지 있습니까? 주님 오시는 그날까지 있다는 거예요. 그게 갈수록 더 세진다는 겁니다. 훨씬 더 말세가 될수록 믿는 자들이 타락하는 일들이 많고 교회 안에 예수 믿는 사람들이 미끄러지는 일이 많을 것입니다. 그런데 그 안에 어린아이들이 "호산나 다윗의 자손이여" 외치듯이 믿음의 사람들은 여전히 믿음으로써 굳게 서 가는데 그 강력한 세력을 이길 수 있는 게 뭔가? 기도라는 겁니다. 어떤 기도요? 믿음의 기도라고 말합니다. 마귀를 이길 수 있고 영적인 세력을 이길 수 있는 힘이 뭐예요? 무기가 아닙니다. 돈도 아니에요. 건강도 아니고 권력도 아니고 뭐예요? 주님을 믿는 믿음! 그리고 믿음으로 하는 기도라고 말해줍니다.

사랑하는 성도 여러분, 앞으로는 훨씬 더 어려운 희생의 세상이 될 겁니다. 그러나 주님이 이렇게 말씀하세요.

> 21 예수께서 대답하여 이르시되 내가 진실로 너희에게 이르노니 만일 너희가 믿음이 있고 의심하지 아니하면 이 무화과
> 나무에게 된 이런 일만 할 뿐 아니라 이 산더러 들려 바다에
> 던져지라 하여도 될 것이요 22 너희가 기도할 때에 무엇이든
> 지 믿고 구하는 것은 다 받으리라 하시니라(마 21:21-22).

"이 산더러 들려 바다에 던져지라 해도 된다"라고 말합니다. "너희가 기도할 때에 무엇이든지 믿고 구하는 것은 다 받으리라"고 하십니다. 맞아요. 놀라운 일은, 엄청난 하나님의 능력을 덧입고 사는 사람들이 있는가 하면, 기도해서 하나님의 응답을 받는 믿음의 사람들이 있는가 하면, 똑같이 살아도 없는 사람이 있다는 겁니다. 주님이 말씀하세요. 믿음으로 구하면, 너희가 의심

하지 않고 믿는다면, 무화과나무에서 된 일이 아니라 더 큰 일도 이룰 수 있음을 말해줍니다. 우리 교회가 그렇게 되기를 바랍니다. 예수 믿는 한 사람, 한 사람이 되기를 바랍니다. 다시 말씀드립니다.

> 21 예수께서 대답하여 이르시되 내가 진실로 너희에게 이르
> 노니 만일 너희가 믿음이 있고 의심하지 아니하면 이 무화과
> 나무에게 된 이런 일만 할 뿐 아니라 이 산더러 들려 바다에
> 던져지라 하여도 될 것이요 22 너희가 기도할 때에 무엇이든
> 지 믿고 구하는 것은 다 받으리라 하시니라(마 21:21-22).

여러분, 이런 역사가 우리 생명 있는 남은 생애에 정말 있기를 원합니다. 믿음, 그 위에서 응답받는 이런 역사가 오늘 우리 남은 생애 그리고 우리 교회를 통해서 주님 오시는 그날까지 끊임없이 이어져 가는 이런 은혜가 넘치기를 기원합니다. 기도하겠습니다.

• • • • •

하나님, 고난주간 둘째 날, 화요일 새벽에 주의 말씀으로 깨닫게 하시니 감사합니다. 우리에게 열매 있기를 원하고 하나님 아버지, 언제든지 드릴 열매가 있는 믿음의 사람들로 삼아 주시옵소서. 모진 핍박과 고난을 이길 수 있는 믿음을 허락하여 주옵시고 의심하지 않고 믿음으로 기도하는 기도의 사람이 되게 해주옵시며, 주님 오시는 그날이 가까울수록 훨씬 더 교회를 방해하고 믿는 자를 유혹하고 무너뜨리는 악의 세력이 있는데 믿음 위에 굳게 서서 악의 세력을 물리치는 교회요 성도가 되게 하여 주옵소서. 예수님의 이름으로 기도하옵나이다. 아멘.

# 3.

# 신앙의 아름다움

• • • • •

마가복음 14:1-9

수요일, 예수님께서 베다니 나병환자 시몬의 집에 식사를 하러 가십니다. 그때 한 여인이 매우 값진 향유 곧 순전한 나드 한 옥합을 가지고 와서 그 옥합을 깨뜨리고는 예수님의 머리에 쏟아 부은 것입니다. 그러고 난 뒤에 갑자기 즐거운 식사 잔치 자리가 소란해요. 왜냐하면 팔면 삼백 데나리온 되는 값진 향유 옥합을 깨뜨려서 예수님께 그 머리에 부어 드렸을 때 "어떤 사람들이 화를 냈다" 이렇게 말합니다. 그런데 마태복음 26장에 보면 "제자들이 분노했다" 이렇게 말합니다. 그리고 그들이 하는 말이 “왜 비싼 향유를 허비하느냐? 이것을 팔아서 가난한 자들에게 나눠줄 수 있었겠도다”라고 말해줍니다. 문제의 발단은 향유 옥합이 비싸다는 겁니다. 얼마큼 비싸냐면 밖에 나가서 팔면 삼백 데나리온 된다고 말합니다. 한 데나리온은 그 시대에 장정이 하루 일하는 품삯입니다. 오늘날 이것을 환산하면 장정 한 사람이 나가서 하루 종일 일하면 보통 이십만 원을 받는다고 말하면 삼백 데나리온이면 육천만 원을 말하는 가격을 알 수가 있습니다. 장정이 일 년 동안 일한 품삯이라 이 말입니다. 연봉이 육천이라는 것이죠. 여러분, 연봉 육천이면 한 달에 얼마 버냐면 오백만 원씩 버는 거라 이 말입니다. 결코 작은 돈이 아니에요. 그런데 여러분, 이 말을 들어보면 똑같은 내용, 똑같은 말, 똑같은 예수님의 답변을 발견하게 될 겁니다. 재미있는 것은 오늘 본문 초두에 보면 “이틀이 지나면 유월절과 무교절이라” 그렇게 말합니다. 그런데 이것보다 “나흘 전”에 그러니까 유월절 엿새 전에 똑같은 일을 누가 했냐면 베다니 나사로의 집에서 마리아가 예수님에게 옥합을 깨뜨린 장면이 나옵니다. 그때의 상황을 “엿새 전”이라 그렇게 말합니다. 유월절 엿새 전입니다. 그런데 거기에 등장하는 인물은 가룟 유다입니다. 예수님이 똑같이 책망해요. “마리아가 내 장례를 준비했다”라고 “잘했다”라고 합니다. 그런데 오늘 본문에는 "이 여인이 내 장례를 준비하느라고 힘썼다." 이렇게 말해줍니다. 조금 다른데 요한복음 12:1-8에 보면 나사로의 집에서 마리아가 향유 옥합을 예수님의 발에 붓고 그의 머리털로 예수님의 발을 닦는 이런 장면이 나옵니다.

1 유월절 엿새 전에 예수께서 베다니에 이르시니 이 곳은 예수
께서 죽은 자 가운데서 살리신 나사로가 있는 곳이라 2 거기
서 예수를 위하여 잔치할새 마르다는 일을 하고 나사로는 예
수와 함께 앉은 자 중에 있더라 3 마리아는 지극히 비싼 향유
곧 순전한 나드 한 근을 가져다가 예수의 발에 붓고 자기 머리
털로 그의 발을 닦으니 향유 냄새가 집에 가득하더라 4 제자
중 하나로서 예수를 잡아 줄 가룟 유다가 말하되 5 이 향유를
어찌하여 삼백 데나리온에 팔아 가난한 자들에게 주지 아니
하였느냐 하니 6 이렇게 말함은 가난한 자들을 생각함이 아니
요 그는 도둑이라 돈궤를 맡고 거기 넣는 것을 훔쳐 감이러라
7 예수께서 이르시되 그를 가만 두어 나의 장례할 날을 위하
여 그것을 간직하게 하라 8 가난한 자들은 항상 너희와 함께
있거니와 나는 항상 있지 아니하리라 하시니라(요 12:1-8).

그러니까 장소는 어디냐면 베다니라는 동네입니다. 나사로도 베다니에 살았고 그다음에 나병환자 시몬이 나왔던 그 집도 어디냐면 베다니입니다. 같은 동네예요. 같은 동네에 나흘이 지난 뒤에 똑같은 일이 벌어집니다. 마리아도 옥합을 깨뜨렸지만 이 여인도 옥합을 깨뜨립니다. 가룟 유다가 책망하는데 제자들도 똑같이 책망해요. 여기에 미묘한 것을 가르쳐 줍니다. 여러분, 똑같은 사안에 누구는 아름다운 신앙을 전수하는가 하면 똑같은 상황에 누구는 똑같이 예수님에게 책망받습니다. 이 집안은 나사로가 죽었다가 예수님께서 살려주신 혜택을 받은 집안입니다. 나병환자 시몬의 집은 예수님께 치유 받은 하나님께 은택을 입은 집입니다. 엿새 전에는 유월절, 마리아가 예수님에게 옥합을 깨뜨려 드립니다. 가룟 유다가 책망해요. 그런데 그에게 덧붙여서 뭐라고 하냐면 "도둑"이라고 말합니다. "돈궤를 맡고 거기 넣는 것을 훔쳐 간다"라고 말합니다. 예수님은 마리아를 향해서 칭찬해요. "내 장례를 준비했다"라고 하시며 "내 장례를 위하여 그것을 간직하게 하라"고 말해줍니다. "가난한 자들은 항상 너희와 함께 있거니와 나는 항상 함께 있지 아니하니라."

그러면 진짜 허비잖아요. 마리아가 옥합을 깨뜨려서 발에 붓고 그 머리털로 예수님 발을 씻겼으면 이 여인은 또 다른 선물을 하면 딱 맞잖아요. 그런데 이 여인, 무명의 여인이 왜 똑같은 옥합을 깨뜨렸을 것 같습니까? 똑같은 상황인데 누구는 신앙으로 주님을 바라봅니다. 모든 사물을 신앙의 눈으로 봅니다. 신앙은 아름다운 거예요. 신앙은 계산하지 않습니다. 신앙은 똑같은 상황에 인간적인 생각을 하지 않습니다. 신앙은 그 시대를 인본적으로 보지 않습니다. 신앙은 항상 주님께 맞춘 겁니다.

똑같은 상황인데 가룟 유다는 책망을 받습니다. 더 놀라운 것은 똑같은 상황인데 제자들이 똑같은 실수를 저질러요. 제자들도 가룟 유다와 똑같이 말합니다. 놀라운 일은 똑같은 값진 향유 나드 옥합 하나를 깨뜨렸다는 사실입니다. 가룟 유다를 향해서 책망할 때는 짧게 했는데, 제자들을 향해서 책망할 때는 길어요.

> 6 예수께서 이르시되 가만 두라 너희가 어찌하여 그를 괴롭게
> 하느냐 그가 내게 좋은 일을 하였느니라 7 가난한 자들은 항
> 상 너희와 함께 있으니 아무 때라도 원하는 대로 도울 수 있거
> 니와 나는 너희와 항상 함께 있지 아니하리라 8 그는 힘을 다
> 하여 내 몸에 향유를 부어 내 장례를 미리 준비하였느니라(막 14:6-8).

그리고 또 첨가해요.

내가 진실로 너희에게 이르노니 온 천하에 어디서든지 복음이 전파되는 곳에는 이 여자가 행한 일도 말하여 그를 기억하리라 하시니라(막 14:9).

여러분, 무명의 이 여인이 나흘 후에 마리아와 똑같은 일을 하는데 왜 그랬을 것 같습니까? 신앙의 아름다움이 여기서 드러나는 겁니다. 예수를 믿고, 믿음이 들어가고 신앙이 자라면 어느 누구든지 가슴이 뜨거워요. 주님을 위해서 살고 싶은 욕망이 생기고 그 영혼은 맑아집니다. 그래서 주께서 원하시는 것이 무엇인지, 내가 어떻게 살아야 하는지, 내가 어떤 사람이 되어야 하는지, 내가 내 인생을 어떻게 주님께 헌신하고 살아야 하는지를 고민해요.

그런데 같은 동네 나사로의 집에 예수님이 오신 겁니다. 생각지 않은 일이 벌어지는데, 그동안에도 믿음의 좋은 선배, 믿음의 좋은 선한 영향력을 주는 나사로의 그 집 그리고 나사로와 그 누이 마르다와 마리아가 늘 예수님과 가까이하고, 이 베다니에 오면 다른 집이 아니라 나사로의 집에서 머무는 것을 자주 봤던 이 여인, 아마 동네에 소문이 났을 겁니다. 그런데 그날따라 특별한 일이 벌어진 겁니다. 마리아가 예수님에게 옥합을 쏟아부은 거예요. 소문이 나는 거예요. 어떻게 나냐면 예수님께서 칭찬했다는 사실입니다. 가룟 유다가 책망할 때 예수님이 그것을 막아내고 "이 여인이 내 장례를 미리 준비했다"라고 "그것을 간직하라"고 말한 겁니다. 이게 소문이 난 거예요. 아니 이 여인이 그 자리에서 봤을지도 모릅니다. 똑같은 사안인데 값으로 계산하는 인간적인 생각이 아니라 예수님께서 기뻐 받으시고 칭찬하시고 무엇을 원하고, 지금 예수님이 어느 상황인지 어떤 형편인지 어떤 마음인지 무엇이 소중한지 무엇을 원하는지를 마리아가 옥합을 깨뜨린 그때 주께서 하신 말씀을 듣고 이 여인에게 훅하고 들어온 거예요.

나흘밖에 안 지나는데 생각해 보십시오. 육천만 원짜리 나드 옥합을 산다는 게 쉬워요? 어려워요? 그냥 평범하게 사는 사람들 집안에 갑자기 "육천만 원이 필요해. 나흘밖에 시간이 안 돼." 그럴 때 여러분, 육천만 원 만드는 것은 웬만한 집은 어려워요. 그런데 이 여인이 가슴이 폭발하는 거예요. "아하 예수님께서 이제 죽으시는구나. 믿음 좋은 마리아가 예수님의 발에다가 쏟아부어서 자기 머리털로 닦았다면 나도 진짜 예수님을 위해 할 수 있는 것이 무엇일까? 이제 십자가를 앞에 두셨는데 예수님에게 가장 필요한 것이 무엇일까?" 똑같은 사안인데 믿음의 도전을 받고 믿음의 아름다움을 그대로 받아들입니다. 그 반대, 가룟 유다가 책망을 받았는데도 불구하고 제자들은 똑같은 말을 반복해서 책망받고 있는 것을 보게 되는 거예요. 신앙의 아름다움, 믿음의 아름다움이 여기에 있는 거예요.

믿음은 항상 좋은 것을 보고 항상 예수님을 향하고, 항상 예수님이 원하는 것을 향하고, 항상 예수님이 기뻐하는 것을 하게 된다는 사실입니다. 이것을 준비하느라고 얼마나 힘들었겠습니까? 그리고 그것을 가지고 가슴이 두근두근하고 "언제 이것을 드릴까? 언제 드릴까?" 기회가 없잖아요. 자기 집에 오실 예수님이 아니시잖아요. "언제 예수님께 이것을 쏟아부어 드릴까?" 여러분, 생각해 보십시오. 예수님이 내 집에 온다는 것은 상상할 수가 없잖아요. 무명의 여인이에요. 그런데 누구 집에 오지요? 나병환자 시몬의 집에 예수님이 오신 거예요. 숨이 헐떡거렸을 겁니다. 그야말로 가슴이 벅찼을 거예요. 견딜 수 없는 마음이었을 거라 이 말입니다. 왜 그래요? 똑같은 사안인데 마리아의 신앙의 아름다움을 보고 "이거다! 이거다!" 그러고는 깨뜨립니다. 발이 아니에요. 머리에다가 쏟아붓습니다. 그야말로 머리에서부터 어디까지? 마리아가 옥합을 깨뜨려 부은 향유가 발끝까지 부어지게 되는 거예요. 주님의 장례를 그야말로 준비한 겁니다. 마치 아기 예수님이 태어났을 때 동방의 박사들이 와서 황금과 유황과 몰약으로 예물을 드린 것처럼, 예수님의 임종 전에 향유 옥합을 쏟아부어서 그 집안이 향유 냄새로 가득하게 채워졌다고 말해줍니다.

놀라운 일은 제자들은 깨닫지를 못합니다. 왜 그럴 것 같습니까? 예루살렘에 올라갈 때부터 제자들은 틀렸습니다. 서로 "누가 크냐" 하고 다퉜습니다. 야고보와 요한의 어머니가 왔습니다. 세베대의 어머니가 와서 "우리 두 아들을 하나는 우편에 하나는 좌편에 앉혀 달라"고 치맛바람 날리러 왔습니다. 제자들은 옥합이 깨뜨려지는지 예수님이 뭐라고 말하는지, 가룟 유다가 어떤 책망을 받았는지 몰라요. 신앙의 아름다움은 다릅니다. 주님의 그 한마디 말씀이 가슴에 팍팍 와닿고 머리 위에 너무 선명하게 들어옵니다. 똑같은 상황인데 신앙, 주님께 향한 믿음의 사람은 아름다움으로 가득히 채워지고 그것을 주님께 쏟아붓게 됩니다. 그러나 한 끗 차인데 제자들은 가룟 유다와 같은 똑같은 그 길을 갑니다.

신앙의 아름다움, 이 땅에 인생을 살아가는데 어떤 사람은 좋은 신앙의 모델을 보고 그것을 전수 받기를 원합니다. "맞

아. 내가 저렇게 살아야지. 저 길을 걸어가야지. 맞아. 내가 새벽 예배를 빠지지 않아야지." 여러분, 똑같은 인생을 사는데 신앙은 주님을 향해서 나아가고 좋은 믿음의 모델이 있으면 그것을 내 것으로 만들려고 하는 이게 신앙의 아름다움입니다. 주께서 말씀하세요. 마리아가 했을 때와 다르게 오늘 예수님께서 이 여인이 행한 일에 대해서 이렇게 말합니다. "내가 진실로 너희에게 이르노니 온 천하에 어디서든지 복음이 전파되는 곳에는 이 여자가 행한 일도 말하여 그를 기억하리라." 사랑하는 성도 여러분, 참믿음이 얼마나 복 있는가, 믿음이 얼마나 인생을 행복하게 하는가, 오늘 이 무명의 여인을 통해서 깨닫게 해줍니다. 가룟 유다 보십시오. 마치 예수님을 생각하고 구제해서 가난한 자들에게 도움을 주는 아주 괜찮은 사람처럼 말했지만 그렇게 하고 난 뒤에 마가복음 14:10-11에 보면 예수님을 팔기 위해서 대제사장들에게 갑니다.

10 열둘 중의 하나인 가룟 유다가 예수를 넘겨 주려고 대제사장들에게 가매 11 그들이 듣고 기뻐하여 돈을 주기로 약속하니 유다가 예수를 어떻게 넘겨 줄까 하고 그 기회를 찾더라 (막 14:10-11).

그런데 제자들이 어떻게 합니까? 만찬을 마치고 난 뒤에 겟세마네 동산에 기도하러 가는데 예수님이 말씀하세요. "내가 죽게 되었으니 나를 위해서 기도해 달라"고 하지만 제자들은 잡니다. 베드로도 잡니다. 요한도 자고, 야고보도 잡니다. 세 번을 기도하고 오지만 똑같이 잡니다. 그리고 어떻게 하지요? 예수님을 팔아먹은 가룟 유다가 군인들을 데리고 왔을 때 "너희들 다 도망갔다"라고 말합니다. 보십시오. 똑같은 상황인데 어떤 사람은 배반하고, 남들이 볼 때 제자들은 믿음 좋은 사람 같은데 그들은 도망갑니다. 그런데 똑같은 상황인데 무명의 여인은 신앙 좋은 마리아를 본받아서 예수님께 헌신합니다.

신앙은 아름다운 겁니다. 신앙은 선한 영향력을 줍니다. 누구에게 주는 줄 아세요? 믿음의 사람이에요. 똑같은 상황인데 누구는 칭찬받지만 누구는 책망받습니다. 똑같은 제자훈련을 받고, 똑같은 사역훈련을 받고, 똑같이 순장이 되지만 갈라집니다. 저는 우리 교회가 그렇게 되지 않기를 원합니다. 신앙의 아름다움으로 일생을 가기를 원합니다. 기도, 남들 듣기 좋게 하지 마세요. 구역질이 납니다. 제가 봐도 그래요. 주님은 더 구역질 나실 거예요. 그렇게 하지 마십시오. 주님 섬김, 남들 보기 위해서 하지 마십시오. 들통납니다. 더 부끄럽고 더 책망받아요. 어떻게 해야 합니까? 울어야 해요. 가슴을 찢으십시오. 하나님 앞에 겸손하십시오. 그리고 매달리십시오. 나의 믿음 없음을, 나의 가식됨을 회개하십시오.

신앙은 아름답습니다. 아름다운 문으로 가는 거예요. 그러나 믿음 좋다고 하는 제자들, 다 실패합니다. 옥합, 조금 뿌린 거 아니에요. 쏟아부었습니다. 육천만 원, 아깝지 않아요. 육억, 아깝지 않습니다. 주님 만날 날이 두려워요. 내놓을 게 하나도 없습니다. 앞으로 세상은 훨씬 더 거칠 것이고 훨씬 더 믿는 자를 유혹할 것이고 핍박하고 그래서 믿음 아닌 곳으로 끌어갈 겁니다. 그러나 똑같은 상황인데 신앙은 주님을 향해 갑니다. 주님께 내 인생을 맡기고 주님께 드리기를 원하고 더 믿음으로 살기를 원합니다. 우리 교회가 그렇게 되기를 바랍니다.

똑같은 상황에서 신앙은 또 다른 여인에게 도전을 주고 주께 칭찬받게 만듭니다. 똑같은 상황인데 한 끗 차이로 믿음 없는 사람은 믿음 없는 다른 제자들에게 악한 영향을 줍니다. 여러분 어떻게 살겠습니까? 나의 생명은 주님께 있습니다. 나에게 영원한 생명을 주신 그 주님, 나에게 믿음을 주신 그 주님을 배반하지 말고 신앙의 아름다움으로 살아가기를 바랍니다. 기도하겠습니다.

• • • • •

하나님, 고맙습니다. 요즘에는 주님이 언제 부르실지 두려운 마음이 많이 듭니다. 하나님, 뒤돌아보면 좋은 신앙의 모델들이 참 많았습니다. 그것을 내 것으로 삼을 수 있게 도와주옵소서. 하나님, 힘써 그 길을 걸어가기를 원합니다. 하나님, 우리 가정이 우리 교회가 그런 좋은 신앙이 계속 이어져 가는 가정과 교회가 되게 해주옵소서. 내가 그런 좋은 신앙의 아름다움을 가지고 살기를 원합니다. 우리 남녀 순장님들이 그런 아름다운 신앙을 가지고 살아가게 하여 주옵시고, 그런 후손들이 집안에 대를 이어가는 일들이 우리 남녀 순장님들 그리고 우리 교회 모든 성도에게 있게 하여 주옵소서. 말세가 되면서 동성애, 차별금지법, 조금 있으면 AI라는 엄청난 물결이 흘러갈 터인데, 그런 상황에서 가룟 유다와 제자들이 실패한 그 길이 아니라 믿음의 좋은 모델을 따라가는 그래서 훨씬 더 좋은 믿음의 후손들, 그런 가정, 그런 교회를 이루어 가는 우리 교회가 되게 해주옵소서. 예수님의 이름으로 기도하옵나이다. 아멘.

# 4.

# 나와 함께 깨어 있으라

· · · · ·

마태복음 26:36-46

유월절 만찬 이후에 예수님 주변은 급격하게 상황이 변합니다. 성만찬 이후로 가룟 유다는 예수님에게서 떠나갑니다. 정확히 말하면 예수님에게서 떨어져 나간 것입니다. 요한복음 13:21-30에 보면 이렇게 말해줍니다.

> 21 예수께서 이 말씀을 하시고 심령이 괴로워 증언하여 이르
> 시되 내가 진실로 진실로 너희에게 이르노니 너희 중 하나가
> 나를 팔리라 하시니 22 제자들이 서로 보며 누구에게 대하여

말씀하시는지 의심하더라 23 예수의 제자 중 하나 곧 그가 사
랑하시는 자가 예수의 품에 의지하여 누웠는지라 24 시몬 베
드로가 머릿짓을 하여 말하되 말씀하신 자가 누구인지 말하
라 하니 25 그가 예수의 가슴에 그대로 의지하여 말하되 주여
누구니이까 26 예수께서 대답하시되 내가 떡 한 조각을 적셔
다 주는 자가 그니라 하시고 곧 한 조각을 적셔서 가룟 시몬
의 아들 유다에게 주시니 27 조각을 받은 후 곧 사탄이 그 속
에 들어간지라 이에 예수께서 유다에게 이르시되 네가 하는
일을 속히 하라 하시니 28 이 말씀을 무슨 뜻으로 하셨는지 그
앉은 자 중에 아는 자가 없고 29 어떤 이들은 유다가 돈궤를
맡았으므로 명절에 우리가 쓸 물건을 사라 하시는지 혹은 가
난한 자들에게 무엇을 주라 하시는 줄로 생각하더라 30 유다
가 그 조각을 받고 곧 나가니 밤이러라(요 13:21-30).

그리고 가룟 유다는 대제사장에게 간 것입니다. 예수님은 성만찬을 마치신 후에 제자들과 함께 겟세마네 동산에 가십니다. 다른 때와 달리 예수님의 모습이 다르고 예수님의 언사가 다릅니다. 제자들에게 기도할 것을 말씀하시고 무엇보다도 특이하게 이렇게 말씀하십니다. "유혹에 빠지지 않게 기도하라." 오늘 본문

에 보면 "시험에 들지 않게 깨어 기도하라. 마음에는 원이로되 육신이 약하다"라고 말씀하십니다.

제자들을 두고 베드로와 요한과 야고보를 데리고는 앞서가시고, 그러고는 그들을 향해서 매우 놀라시며 슬퍼하사 "내 마음이 심히 고민하여 죽게 되었으니 너희는 여기 머물러 깨어 있으라." 오늘 본문에 보면 고민하고 슬퍼하사 "내 마음이 매우 고민하여 죽게 되었으니 너희는 여기 머물러 나와 함께 깨어 있으라." 그러고는 제자들 앞에 조금 앞에 가셔서는 밤이 맞도록 하나님 앞에서 기도합니다. 주님은 제자들 바로 앞에서 조금 나아가사 얼굴을 땅에 대시고 엎드려 기도하여 이르시되 "내 아버지여 만일 할 만하시거든 이 잔을 내게서 지나가게 하옵소서. 그러나 나의 원대로 마시옵고 아버지 원대로 하옵소서." 그리고 기도를 마치고 제자들에게 와서 보니 제자들이 잠들어 있는 겁니다. 이에 수제자 베드로에게 말씀하시되 "너희가 나와 함께 한 시간도 이렇게 깨어 있을 수 없더냐 시험에 들지 않게 깨어 기도하라. 마음에는 원이로되 육신이 약하도다." 그러고 두 번째 다시 기도하러 가십니다. 하나님 앞에 동일한 기도로 기도하고 난 뒤에 제자들에게 돌아왔는데 그들의 모습을 이렇게 말해줍니다. "다시 오사 보신 즉 그들이 자니 이는 그들의 눈이 피곤함일

러라." 예수님이 보실 때 제자들의 상태가 피곤한 상태였던 것입니다. 그리고 나가서 다시 기도하신 후에 세 번째 오셔서는 "이제는 자고 쉬라. 보라. 때가 가까이 왔으니 인자가 죄인의 손에 팔리느니라. 일어나라. 함께 가자. 보라. 나를 파는 자가 가까이 왔느니라."

여러분, 오늘 본문을 잘 보면 예수님께서 제자들과 함께 기도하기를 원하셨습니다. 십자가를 앞에 둔 절박한 상황, 위급한 상황에 예수님께서 제자들에게 원하는 것은 함께 기도하자는 것이었습니다. 한 번도 이런 모습, 이런 나약한 모습을 제자들에게 보여준 적이 없는 예수님입니다. 예수님께서 제자들에게 겟세마네의 동산, 지금 그들과 함께 있었던 것처럼 그런 모습 "나와 함께 기도하자"라고 제자들에게 말한 적이 없습니다. 그런데 십자가를 앞에 둔 예수님은 지금까지의 모습과 다른 모습이었습니다. 예수님은 제자들이 예수님과 함께 기도하기를 원하셨고, 그토록 자주 습관처럼 겟세마네 동산에서 기도하신 예수님이지만, 오늘 밤처럼 십자가를 앞에 둔 상태와 같이 절박한 마음으로 제자들에게 함께 기도를 부탁한 적이 없습니다.

## 제자들을 위한 기도

여러분, 왜 예수님께서 제자들로 하여금 함께 깨어 있기를 원하셨을까요? 예수님 자신이 죽음 앞에 절박하여 자신을 위해 기도해 주기를 원하는 목적 그래서 자기와 함께 깨어 있기를 원하셨을까요? 물론 그럴 수가 있습니다. 왜냐하면 죽음 앞에 선 예수님의 모습은 그야말로 막다른 골목과 같고 절박한 심정이고 죽음 앞에 계신 예수님의 인성의 모습은 두려울 수밖에 없었기 때문입니다. 그러나 오늘 본문을 엄밀하게 잘 보시면 "나와 함께 깨어 기도하기를 원하시는 주님"의 이 간절한 말씀은 사실 제자들을 위해 하신 말씀이라는 것을 발견하게 됩니다. 주님은 제자들이 주님과 함께 기도하기를 원하신 거예요. 왜냐하면 사실 예수님이 십자가 지는 것을 좋아하는 제자들이 없습니다. 이 말은 반대로 예수님이 십자가를 지신다는 것을 싫어한 제자들이라 이 말입니다.

예수님께서 "내가 이제 장차 예루살렘에 올라가면 대제사장들과 장로들과 서기관들에게 붙잡혀 내가 십자가에 못 박혀 죽었다가 3일 만에 살아날 것"을 말씀한 적이 있습니다. 마태복음 16장에 가면 빌립보 가이사랴 지방에 갔을 때 제자들에게 물어요. "사람들이 인자를 누구라고 하느냐?" 그럴 때 제자들이 대답을 잘합니다. "예레미야나 선지자 중 하나입니다." 그때 예수님께서 제자들에게 물어요. "너희들은 나를 누구라고 하느냐?" 그때 시몬 베드로가 "주는 그리스도시요 살아계신 하나님의 아들"이라고 고백합니다. 이때처럼 예수님이 기뻐하신 적이 없어요. "바요나 시몬아, 복이 있다. 이를 네게 알게 한 이는 혈육이 아니라 하늘에 계신 내 아버지시니라." 매우 좋아해요. 그러고는 "내가 이 반석 위에 내 교회를 세우리니 음부의 권세가 이기지 못한다." 그럴 정도로 예수님께서 아주 기뻐서 베드로에게 "장차 너는 게바라." 그러면서 이 신앙고백 위에 교회를 세울 것을 말씀해 주십니다. 그러고는 "내가 이제 예루살렘에 올라가면 십자가에 못 박혀 죽었다가 3일 만에 살아날 것이다." 여러분, 베드로가 뭐라고 말합니까? "결코 이 일이 주께 미치지 못하나이다." 여러분, 주님이 이 말을 듣고 끔찍한 말씀을 하시는 거예요. "사탄아, 내 뒤로 물러가라." 베드로를 향해서 사탄이라고 말한 거라 이 말입니다.

[21] 이때로부터 예수 그리스도께서 자기가 예루살렘에 올라가 장로들과 대제사장들과 서기관들에게 많은 고난을 받고 죽임

을 당하고 제삼일에 살아나야 할 것을 제자들에게 비로소 나
타내시니 22 베드로가 예수를 붙들고 항변하여 이르되 주여
그리 마옵소서 이 일이 결코 주께 미치지 아니하리이다 23 예
수께서 돌이키시며 베드로에게 이르시되 사탄아 내 뒤로 물
러 가라 너는 나를 넘어지게 하는 자로다 네가 하나님의 일을
생각하지 아니하고 도리어 사람의 일을 생각하는도다 하시고
24 이에 예수께서 제자들에게 이르시되 누구든지 나를 따라
오려거든 자기를 부인하고 자기 십자가를 지고 나를 따를 것
이니라(마 16:21-24).

제자들은 십자가를 진다는 말에 벌써 시험에 들고 한순간에 그들의 신앙이 나락으로 떨어지고 만 거라 이 말입니다. 오죽하면 예수님께서 베드로에게 아주 차갑고 무섭게 말씀하셨겠습니까. "사탄아 내 뒤로 물러가라. 너는 나를 넘어지게 하는 자로다. 네가 하나님의 일을 생각하지 아니하고 도리어 사람의 일을 생각하는도다." 제자들은 예수님의 십자가를 생각하기도 싫고 끔찍한 거예요. 제발 십자가만은 지지 않기를 원하는 게 제자들의 심정이라 이 말입니다. 지난 3년 공생애를 살았는데 제자들의 마음은 털끝만큼도 주님의 마음과 같지 않은 거라 이 말입니다.

여러분, 특별히 예수님께서 베드로와 요한과 야고보에게 부탁해요. "나와 함께 깨어 있으라." 그리고는 돌 던질 만큼 앞에 가셔서 기도합니다. 한번 여쭤볼게요. 돌 던질 만큼 거리니까 기도할 때 거리가 멀어서 안 들린다? 아니면 야밤에 고요한 시간이기 때문에 기도 소리가 다 들린다? 전자예요? 후자예요? 후자지요. 예수님이 뭐라고 기도하는지 제자들이 너무 잘 듣는 거예요. 그럴 때 누가 두려운 마음이 있겠냐 이 말이죠. 제자들의 마음은 두려운 거예요. "제발 이 기도만은 안 했으면 좋겠는데 왜 이 기도를 한단 말인가?" 예수님이 앞에서 기도할 때 제자들이 "할렐루야, 우리 앞에서 기도하고 좋다. 우리는 뒤에 따라가자!" 신바람 나서 예수님의 기도를 듣고는 흥이 나서 기도했을까요? 십자가를 지겠다는 예수님의 그 기도, "나의 원대로 마옵시고 아버지의 원대로 이루기를 원하나이다"라고 했을 때 제자들이 "역시 우리 예수님이야!" 신바람 나서 "할렐루야" 그렇게 했겠냐 이 말이에요. 아니요. 듣고 싶지 않고 들을수록 부담이 되고 무섭고 힘들고 "저 길만은 가지 않아야 하겠는데, 왜 저렇게 기도할까?" 하다 보니까 온몸이 피곤하고 견딜 수 없는 두려움이 엄습하니까 어쩔 줄을 모르는 거라 이 말입니다. "십자가를 지면 안 되는데, 십자가를 지면 안 되는데, 왜 저렇게 기도할까?" 제자들의 마음에는 기도할 마음이 생기겠어요? 아니요. 오히려 두려운 마음, 공포가 그들에게 있는 거라 이 말입니다. "나와 함께 깨어 있으라. 나와 함께 기도하자." 예수님께서 하신 말씀을 잘 보면 훨씬 더 이해가 되는 거예요.

## 시험에 들지 않게 깨어 기도하라

예수님이 처음 기도하시고 제자에게 돌아왔을 때 그들이 잠들었다고 말해줍니다.

> 40 제자들에게 오사 그 자는 것을 보시고 베드로에게 말씀하
> 시되 너희가 나와 함께 한 시간도 이렇게 깨어 있을 수 없더냐
> 41 시험에 들지 않게 깨어 기도하라 마음에는 원이로되 육신
> 이 약하도다 하시고(마 26:40-41).

여러분, 여기 보면 특이한 단어를 써요. "시험에 들지 않게 깨어 있어 기도하라. 마음에는 원이로되 육신이 약하도다." 그런데 누가복음 22:40에 보면 "시험에 들지 않게 깨어 기도하라." 그 말을 다른 말로 바꿔요. "유혹에 빠지지 않게 기도하라." 이렇게 단

어가 바뀌어요.

그곳에 이르러 그들에게 이르시되 유혹에 빠지지 않게 기도하라 하시고(눅 22:40).

"시험"이라는 단어를 "유혹"이라는 단어로 싹 바꿔요. 그러니까 여기서 시험이나 유혹은 잘 보십시오. 지금 겟세마네 동산에서 시험에 빠지지 않게 기도하라. 겟세마네 동산에서 유혹에 빠지지 않게 기도하라. 지금 그곳이 어디예요? 겟세마네 동산이에요. 보통 우리가 일반적으로 생활할 때 시험 들거나 유혹에 빠지면 세 가지예요. 첫째로 돈 때문에 빠지거나 아니면 이성 때문에 빠지거나 아니면 명예 때문에 빠진다 이 말이에요. 겟세마네 동산에서 여러분, 생각해 보십시오. 돈 때문에 빠질 일이 없잖아요. 이성 때문에 빠질 일이 없다 이 말이에요. 명예 때문에 빠질 일이 없다 이 말이죠. 그러면 이곳에서 도대체 시험받을 게 뭐냐 유혹을 받을 게 뭐냐 이 말입니다. 물질의 유혹, 성적인 유혹, 명예의 유혹, 이것이 겟세마네 동산에 있을 수가 없다 이 말입니다. 제자들의 진정한 유혹과 시험은 예수님이 십자가에 달려 죽지 않기를 바라는 인간적인 유혹, 인간적인 시험이 그들에게 꽉

자리를 잡고 있었던 것입니다. 이것은 하나님의 영원한 경륜을 어기는 것이라 이 말입니다. 이것보다 더 큰 죄가 없는 거예요. 제자들이 십자가를 방해하고 안 지기를 원하는 그래서 시험 거리가 된 거예요. 이게 유혹 거리가 된 거라 이 말입니다. "예수님이 십자가를 져서는 안 된다." 이것은 그들의 인간적인 생각, 인간적인 욕심을 그대로 드러내놓고 있는 거라 이 말입니다. 말은 하지 않지만 예수님의 기도가 귀에 들어오겠어요? 예수님이 기도할 때 오히려 그게 시험 거리가 되고, 근심거리가 되고, 걱정거리가 되고 미끄러지게 만드는 유혹과 똑같은 거라 이 말입니다. 걱정을 훨씬 더 많이 만들어 놓은 거라 이 말입니다. 주께서 이렇게 말씀하세요. "깨어 기도하지 않으면 마음에는 원이로되 육신이 약하도다." 예수님의 좌편, 우편에 앉는 일에 집착한 제자들에게는 오히려 이것이 훨씬 더 시험 거리가 되는 거라 이 말입니다. 생각과 마음은 하나님의 뜻을 이루는 십자가를 져야 하는 거지만, 현실적으로는 안 져야 하는 거라 이 말입니다. "만약에 십자가를 지면 우리는 어떻게 되나? 우리의 장래는 어떻게 되나?" 육신적 생각으로 가득할 뿐, 하나님의 일은 염두에 두지 않은 거라 이 말입니다. 제자들의 생각과 마음은 "맞아, 이 길을 가야지." 그러나 현실적으로는 "십자가를 지면 안 되지." 이걸 정리하면 이렇게 말할 수 있습니다. "너희는 나의 편에 속해 있지만, 나의 편에서 할 수 있는 일은 아무것도 없다." 메시아에 대한 인간적인 기대를 버리지 못한 제자들은 아무런 기도를 할 수 없었던 것입니다. 주님께서 기도하고 돌아오실 때 그들은 피곤할 뿐이에요.

## 이제는 자고 쉬라 보라

그런데 놀랍게도 주께서 세 번 기도하시고 오신 뒤에 이렇게 말씀하세요.

> 45 이에 제자들에게 오사 이르시되 이제는 자고 쉬라 보라
> 때가 가까이 왔으니 인자가 죄인의 손에 팔리느니라 46 일
> 어나라 함께 가자 보라 나를 파는 자가 가까이 왔느니라(마
> 26:45-46).

이 말은 "이제 모든 것이 충분하므로 자고 쉬라"는 말씀입니다. 이 말은 예수님께서 제자들이 피곤하여 자는 동안 주님 홀로 하나님과 교제 가운데 모든 것이 정리되었다는 것입니다. "너

희들이 자고 쉬는 동안, 너희들이 기도하지 않고 있는 동안 나는 아버지와 세 번이나 독대하면서 이제 모든 게 정리됐다." 다시 말해서 제자들이 메시아에 대한 인간적인 기대를 버리지 못하고 있을 때, 예수님은 하나님의 구속 사역을 위한 모든 준비가 완료되었다는 뜻입니다. 무슨 말이에요? 하나님 앞에 기도한 예수님은 하나님의 구속 사역을 이루시는 그 마음의 준비, 기도함으로 말미암아 하나님의 그 경륜을 100% 받아들이고, "이제는 됐다." 일어서고 십자가를 향해서 뚜벅뚜벅 걸어갈 수 있으신 것입니다. 제자들이 메시아에 대한 인간적인 기대를 버리지 못하고 있을 때, 예수님은 하나님의 구속 사역을 위한 모든 준비를 완료하신 것입니다.

그래서 예수님은 자신을 체포하러 오는 악한 자들이 몰려오고 있다고 말씀하시고, 특별히 자신을 배반한 가룟 유다가 올 것도 아시고 의연하게 대처하신 것입니다. 주님은 제자들에게 이렇게 말해요. "일어나라. 함께 가자. 보라. 나를 파는 자가 가까이 왔느니라." 예수님을 파는 자가 누구예요? 3년을 함께 동고동락하던 가룟 유다입니다. "보라, 나를 파는 자가 가까이 왔느니라." 여러분, 생각해 보십시오. 자기를 배반한 자가 가까이 올 때 울컥하고 화가 나오고 분노가 나올 텐데, 전혀 그것과 달리

"보라 나를 파는 자가 가까이 왔느니라." 누가 왔다는 거예요? 가룟 유다가 왔다는 거죠. "너희들이 다 아는 가룟 유다가 왔다."

예수님이 공생애를 마치고 일주일간 고난의 주간인데, 이 고난주간에 그 생애가 드라마틱하게 요약돼서 있는 것을 보게 됩니다. 월요일 날 예루살렘 성전에 올라갈 때 무화과나무에서 열매를 찾으려고 했는데 없어요. 다시는 열매를 맺지 못한다는 저주의 말을 하십니다. 화요일 날 올라와서 보니까 뿌리째 마른 거예요. 베드로가 말해요. "뿌리째 말랐습니다." 그때 예수님께서 "이제 봐라. 나를 십자가에 못 박고 그것으로 끝나지 않는다. 부활하고 내가 승천한 뒤에도 여전히 핍박과 박해와 고난이 훨씬 더 세게 올 것이다. 장차 주님이 재림하시는 그때까지는 끊임없이 끊임없이 이 영적인 전투가 있을 거다. 이때 이것을 방어하고 이길 수 있는 강력한 무기는 세상적인 힘, 능력이 아니라 믿음과 믿음의 기도이다." 마태복음 21:21-22이 이렇게 말해 줍니다.

21 예수께서 대답하여 이르시되 내가 진실로 너희에게 이르
노니 만일 너희가 믿음이 있고 의심하지 아니하면 이 무화과
나무에게 된 이런 일만 할 뿐 아니라 이 산더러 들려 바다에
던져지라 하여도 될 것이요 22 너희가 기도할 때에 무엇이든

지 믿고 구하는 것은 다 받으리라 하시니라(마 21:21-22).

기도만이 이길 수 있음을 말해줍니다. 기도만이 이런 어려운 문제를 감당할 수가 있음을 말합니다. 기도만이 하나님의 일을 감당할 수 있고, 기도만이 영적인 일을 감당할 수 있고, 기도만이 하나님의 나라를 이룰 수 있는 것을 말씀해 주십니다. 세상은 갈수록 강력하게 교회와 믿음의 사람들을 박해하고 핍박할 것입니다. 초대교회, 칼과 창으로, 로마의 원형 극장에 며칠씩 굶겼다가 풀어놓은 사자들의 공격처럼 그렇게 핍박하고 유혹하는 게 아니라 오히려 온 세상이 하나가 되어서 교회를 공격할 거라 이 말입니다. 시시각각으로 변하는 지금 이 시대를 우리가 볼 줄 알아야 하는 거예요.

미국, 영국, 프랑스, 캐나다, 여러분 어느 나라든지 공산주의를 빼고는 차별금지법이 다 통과됐어요. 남자가 여자가 되는 것, 여자가 남자가 되는 것, 남자와 남자끼리 결혼하는 것, 여자와 여자끼리 결혼하는 것을 법적으로 다 통과시키고 있다 이 말입니다. 합법적으로 남자끼리 결혼하고 여자끼리 결혼한 것을 인정하고 있다 이 말입니다. 이럴 때 아니라고 말하면 우리는 감옥에 가요. 여러분, 남자와 남자끼리 결혼하는 것, 여자와 여자끼리 결혼하는 것을 놓고 우리나라가 법으로 정하면 "아닙니다"라고 말할 수 있겠어요? 그렇게 말하면 감옥에 가잖아요. 왜냐하면 법으로 정했으니까요. 그렇게 말할 수 있겠냐 이 말이에요. 여러분, 초대교회 당시보다 훨씬 더 위험한 시대가 와요. 오늘 우리 한국교회뿐만 아니라 세계교회가 수준이 떨어지는 거예요. 갈수록 더 그러는 거예요. 십자가를 안 지려고 한다 이 말이죠. 예수님의 뜻을 따라야 하는데 그 길을 안 간다 이 말이죠. 다 인간적으로 끼리끼리 잘 먹고, 잘 살고, 내 편 만들고, 끼리끼리 놀고 그래서 "나는 누구도 있어, 누구도 있어, 누구도 있어, 누구도 있어." 알고 보니까 화가 나요. 다 예수를 잘 못 믿는 사람들끼리 잘 믿는 것처럼 말한다 이 말이에요. 훨씬 더 세상은 예수 믿는 사람들, 교회를, 초대교회 당시처럼 그렇게 박해하거나 핍박하는 게 아니라 미끄러지고 시험 들게 하고 유혹에 넘어지게 만드는 거예요. 이것을 이길 수 있는 것은 뭘까? "나와 함께 기도하자. 나와 함께 깨어 있으라." 이렇게 말합니다.

주님과 함께하지 않는 기도는 의미가 없어요. 주님과 함께하지 않는 신앙은 의미가 없어요. 주님과 함께하지 않는 내 믿음은 의미가 없는 거예요. 세상을 이길 수 있는 것은 믿음이에요.

**믿음이 이기네 믿음이 이기네**
**주 예수를 믿음이 온 세상이 이기네**

기도를 많이 해야 이길 수가 있는 거예요. 베드로와 요한과 야고보를 데리고 와서 "내 마음이 매우 고민하여 죽게 되었으니 너희는 여기 머물러 나와 함께 깨어 있으라." 영적 전투, 영적 유혹, 영적 시험을 이길 수 있는 힘, 이것을 이길 수 있는 능력은 믿음의 기도밖에 없습니다. "나와 함께 깨어 있으라. 나와 함께 깨어 있으라." 주님과 함께 깨어 있기를 바랍니다. 주님과 함께 깨기를 원합니다. 주님은 우리의 기도를 들어주십니다.

주님은 일찍 이렇게 말씀하셨어요. "너희 중에 두 사람이 땅에서 합심하여 무엇이든지 구하면 하늘에 계신 네 아버지께서 그들을 위하여 이루게 하시리라." 그리고 이렇게 말씀하세요. "두 세 사람이 내 이름으로 모인 곳에는 나도 그들 중에 있느니라." 주님의 이름으로 우리가 두세 사람이 기도할 때 주께서 그곳에 함께 하신다고 말해줍니다.

> 19 진실로 다시 너희에게 이르노니 너희 중의 두 사람이 땅에
> 서 합심하여 무엇이든지 구하면 하늘에 계신 내 아버지께서

그들을 위하여 이루게 하시리라 [20] 두세 사람이 내 이름으로
모인 곳에는 나도 그들 중에 있느니라(마18:19-20).

주님의 이름으로 기도할 때 주님은 우리의 기도를 들어주십니다. 주님의 이름으로 기도할 때 주님은 우리와 함께하십니다. 주님은 주님의 이름으로 기도하기를 원합니다. 주님과 함께 깨어 있기를 원합니다. 오늘 급박하게 돌아가는 이 시대에 예수 믿는 사람들이 살 길이 있는데, 주님의 이름으로 기도하고, 주님의 이름으로 함께하고, 믿음으로 나아갈 때 주께서 넉넉히 이기게 해주십니다. 고함을 지르고 내 사람이 많아야만 되는 게 아니라 나 혼자 있어도 주님과 함께 기도할 때 거친 세상에서 아무리 강력한 위협이 있다고 할지라도 이길 수 있습니다. 주께서 승리하게 해주십니다.

여러분, 누구 만나서 이야기해요? 여러분의 절친한 친구가 누굽니까? 만나서 죄를 짓지 않아요? 만나서 무슨 이야기 해요? 두세 사람이 모여서 무슨 이야기하는 거예요? 내일 죽을지 모르잖아요. 모레 죽을지 모르잖아요. 오늘 무슨 이야기하는 거예요? 괜찮은 사람 만나서 밥 먹고, 돈 좀 생기고 남은 생애 여유있게 살고, 아이들 시집 장가 보내고, 나의 노후 괜찮고, 그동안

기도한 것은 뭐예요? 내 인생의 주인은 하나님이시고, 나를 인도하시는 분은 하나님이고, 그런데 택하기는 무엇을 택해요? 무엇을 택하냐 이 말이에요. 주님과 함께 깨어 있기를 원합니다.

주님께서 말씀하세요. "나와 함께 깨어 있어라." 전주새중앙교회 성도들이여, 주님과 함께 깨어 있기를 원합니다. 주님과 함께 기도하기를 원합니다. 주님의 이름으로 기도하고, 주님의 이름으로 나아가고, 주님의 이름으로 믿음으로 살고, 주님의 이름으로 내 인생을 살아가고, 주님의 이름으로 우리가 함께 교회를 지키고, 이 무시무시한 시대에 주님의 이름으로 깨어서 내 가정을 지키고, 내 교회를 지키고, 나와 함께하는 절친한 친구를 지키고, 나와 함께하는 절친한 믿음의 사람을 지키고, 우리 함께 주께서 말씀하신 것처럼 "일어나라. 함께 가자. 보라. 나를 파는 자가 가까이 왔다." 당당하게 말할 수 있는 우리, 주님과 함께 깨어 기도하는 그래서 주님과 함께 승리하는 우리 교회와 성도들이 되기를 바랍니다.

· · · · ·

하나님, 고맙습니다. 급박하게 돌아가는, 성만찬 이후에 환경이 변하고 제자가 배반하고 떠나고, 조금 있으면 제자들도 무서워서 다 도망가는 것을 아시면서 다른 제자가 아니라 베드로와 야고보와 요한을 데리고 "나와 함께 깨어 있자"라고, "기도하자"라고 하신 그 말씀을 달게 받아들이는 전주새중앙교회 성도들 되게 하여 주옵소서. 나 한 사람이 깨어 있기를 원합니다. 나 한 사람이 주님과 함께 그 길을 걸어가기를 원합니다. 나를 부인하고 자기 십자가 지고 주님을 따라가는 이 시대의 주님의 제자, 그 한 사람이 내가 되게 하여 주옵소서. 예수님의 이름으로 기도하옵나이다. 아멘.

# 5.

## 엘리 엘리 라마 사박다니

• • • • •

마태복음 27:45-49

금요일은 부당한 심판과 억울한 재판으로 죄 없으신 예수님께서 십자가를 지신 날입니다. 대제사장들, 장로들, 서기관들, 그들은 예수님을 십자가에 못 박도록 민중을 선동한 사람들입니다. 이 세상은 항상 악이 선을 힘들게 합니다. 악한 자의 목소리는 항상 훨씬 크고, 선한 자는 숱한 어려움을 당한 후에야 진실이 이기게 됩니다. 세상에는 법정이 있고 법관이 있지만 의는 굽고 정의가 사라져 사람들의 마음을 아프게 하고 눈물짓게 만듭니다. 언젠가 유전무죄, 무전유죄라는 말이 유행할 정도로 돈

이 있으면 죄가 없고 돈이 없으면 죄가 있는 슬픈 현실도 있습니다. 예수님이 이 땅에 태어나셨을 때 천군 천사들이 기뻐 찬양하고, 동방의 박사들은 별을 보고 예수님께 찾아와 경배하며 황금과 유향과 몰약을 선물했습니다. 예수님이 요단강에서 세례받으실 때 물에서 올라오시는 그때 하늘이 열리고 성령이 비둘기와 같이 예수님에게 임하고 하늘에서 음성이 나와서 말씀하시기를 "이는 내 사랑하는 아들이요 내는 기뻐하는 자"라고 하나님 말씀하셨습니다.

> 16 예수께서 세례를 받으시고 곧 물에서 올라오실새 하늘이
> 열리고 하나님의 성령이 비둘기 같이 내려 자기 위에 임하심
> 을 보시더니 17 하늘로부터 소리가 있어 말씀하시되 이는 내
> 사랑하는 아들이요 내 기뻐하는 자라 하시니라(마 3:16-17).

그것만이 아닙니다. 예수님이 십자가에 못 박히기 전 빌라도가 심문합니다. 그런데 빌라도의 말은 놀라울 정도로 특이합니다. 마태복음 27:23에 보면 "무슨 악한 일을 하겠느냐"라고 반문합니다. 그런가 하면 마태복음 27:24에 보면 "빌라도가 무리 앞에서 손을 씻으며 이르되 이 사람의 피에 대하여 나는 무죄하니 너

희가 당하라." 그런가 하면, 마가복음 15:9에 보면 "내가 유대인의 왕을 너희에게 놓아주기를 원하느냐." 누가복음 23:4에 보면 "빌라도가 대제사장들과 무리에게 이르되 내가 보니 이 사람에게 죄가 없도다." 요한복음 19:19에 보면 "빌라도가 패를 써서 십자가 위에 붙이니 나사렛 예수 유대인의 왕이라 기록되었더라."

## 엘리 엘리 라마 사박다니

그런데 십자가에 못 박혀 죽으시는 예수님은 잠잠히 계시다가 그것도 3시간 동안 침묵을 하시다가 갑자기 이렇게 외칩니다. "엘리 엘리 라마 사박다니, 나의 하나님 나의 하나님 어찌하여 나를 버리시나이까?" 절망적인 말씀, 그야말로 절규의 말씀을 하신 겁니다. 항상 주님에게서 나온 말씀은 온유하고 부드럽고 소망이 넘치는 말씀이셨습니다. 진리를 선포하고 복음을 전하고 수많은 병자를 고치시고 귀신을 쫓아내시고 죽은 자를 살리신 예수님은 힘과 능력이셨습니다. 그런데 지금 엘리 엘리 라마 사박다니, 나의 하나님 나의 하나님 어찌하여 나를 버리시나이까?

여러분, 사람이 살면서 버림받는 이것만큼 비참한 게 없습니다. 무시받고 버림을 받는 것은 인간의 자존심을 가장 상하게 하고 비참하게 만드는 것입니다. 반면에 사람에게 용기를 주고 살맛 나게 하고 활력을 주는 것은 인정받을 때입니다. 버림받은 사람의 심정은 참담한데, 친구에게 버림당한 사람, 남편에게 버림받은 여자, 아내에게 버림받은 남편, 이웃에게 버림받은 사람, 가장 참담하게 만드는 것은 부모에게 버림받는 아이. 그 비참함과 참담함이란 이루 말할 수가 없을 것이고, 불행 중 불행이요 슬픔 중 슬픔, 이것이 부모에게 버림받은 아이일 것입니다. 그런데 지금 예수님께서는 아버지 하나님께 버림받고 있는 것입니다.

사실 예수님은 하나님으로부터 영원한 사랑의 대상이십니다. 하루 이틀이 아니라 이 세상을 창조하기 전부터 영원부터 예수님은 하나님의 사랑의 대상이십니다. 성경을 보면 소스라치게 놀랄 만한 구절을 발견하게 됩니다.

> 내가 그 곁에 있어서 창조자가 되어 날마다 그의 기뻐하신 바가 되었으며 항상 그 앞에서 즐거워하였으며(잠 8:30).

여러분, "내가 그 곁에서 하나님 곁에서 창조자가 되었다. 날마다 그에 기뻐하신 바가 되었으며, 항상 그 앞에서 즐거워하였다." 예수님의 즐거움은 날마다 아버지의 얼굴을 뵈는 것이었습니다. 그 곁에서 함께 창조했고, 날마다 하나님의 기뻐하신 바가 되었으며, 항상 그 앞에서 즐거워했던 분이 누구냐 하면 예수님이셨습니다. 예수님이 이 땅에 계실 때도 마찬가지예요. 공생애 33년, 사생활 30년 공생애 3년, 33년의 생애. 예수님은 한 번도 하나님과 멀리 한 적이 없습니다. 공생애 3년을 보십시오. 틈만 나면 홀로 산에 들어가셔서 하나님을 만나 기도하신 분이 예수님이십니다. 아무리 육신이 피곤하고 일정이 빡빡해도 하나님 만나는 이 일만큼은 빼놓지 않으신 분이 누구인가? 예수님이십니다. 예수님은 한 번도 하나님 아버지의 뜻을 벗어나고 자유로 행한 적이 없습니다. 그리고 이루시는 모든 일을 예수님은 하나님의 뜻에 맞게 일생을 사신 분입니다.

그런데 지금 예수님, 십자가 위에서 그의 절규는 가슴을 철렁하게 만듭니다. 엘리 엘리 라마 사박다니, 나의 하나님 나의 하나님 어찌하여 나를 버리시나이까? 여러분, 여기 "버리셨다"라는 말은 어떤 뜻인 줄 아세요? 여기 "버렸다"라는 말은 "얼굴을 돌려 숨기셨다"라는 뜻입니다. 예수님이 십자가를 지시기 전 무수한 모욕을 당했습니다. 예수님의 얼굴에 침을 뱉었고, 뺨을 때리고, 가시로 만든 가시관을 예수님 머리에 씌우셨고, 손바닥으로 때리고 모욕과 조롱을 거침없이 했습니다. 그런데 주님은 이

러한 모욕을 당하시면서도 묵묵히 참고 견디셨어요. 한마디 대꾸도 하지 않으셨고, 억울하다고 하소연도 하지 않으셨습니다. 그런데 지금 예수님께서 큰 소리로 부르짖는 거예요. 엘리 엘리 라마 사박다니. 나의 하나님, 나의 하나님, 어찌하여 나를 버리시나이까?

하나님은 하나님의 백성을 버린 적이 없습니다. 자기 사람을 사랑하시되 끝까지 사랑하시는 주님이십니다. 믿음의 사람은 버리지 않고 어떤 상황에서도 함께하시는 하나님이십니다. 아브라함을 부르신 하나님, 젖과 꿀이 흐르는 땅으로 이스라엘을 인도하시겠다고 하신 하나님은 430년이 지난 뒤에 모세를 통해서 그대로 이루신 분이십니다. 그런데 지금 예수님께서 하나님 아버지로부터 버림을 받고 있는 것입니다.

## 제육시로부터 온 땅에 어둠이 임하여 제구시까지

언제 예수님께서 이 말씀을 하셨습니까? 언제 주님께서 이런 절기에 이 말들을 하셨냐 이 말입니다. 오늘 성경에 보면 제육시부터 제구시까지 어둠이 계속되었다고 말해줍니다. 이 시간은 우리나라로 말하면 낮 12시부터 오후 3시까지를 말합니다.

낮 12시부터 오후 3시까지 어둠이 갑자기 형성된 겁니다. 그리고 낮 12시부터 3시까지는 침묵하신 예수님이신데, 3시간이 지난 오후 3시에 주님의 입에서 나온 그 외마디가 나의 하나님 나의 하나님 어찌하여 나를 버리시나이까? 여러분 낮 12시부터 오후 3시까지 중동의 낮은 가장 뜨겁고 가장 밝고 가장 환한 시간입니다. 천계에 비상이 걸린 겁니다. 최소한 3시간은 상식을 뛰어넘는 어둠이 짙게 깔린 시간입니다. 그 3시간, 주님은 침묵하신 겁니다. 여러분, 이 3시간 동안 침묵하셨지만 주님은 그 침묵의 시간에 무엇을 하셨을 것 같습니까? 아무 말 없으셨지만 주님의 영혼은 침묵할 수가 없었던 것입니다. 육체는 피로 범벅이 되었고, 주님은 언제 죽을지 모르는 초읽기 시간에 들어간 것입니다. 그때 그 시간 죄를 짊어진 주님의 온몸과 온 영혼은 진노하시는 하나님으로부터 떨어지는 끔찍한 형벌을 당하고 계셨던 것입니다. 죄는 어두움을 좋아합니다. 어둠은 동시에 두려움을 줍니다. 한낮에 십자가에 못 박히신 주님은 빛 가운데 모든 것이 드러나고 있었는데 밝은 태양이 갑자기 그 빛을 잃어버린 것입니다. 우리는 아무리 칠흑 같은 어둠이라 할지라도 조그만 빛만 있어도 밝아진다는 것을 압니다. 그런데 지금 대낮입니다. 그것도 하루 중 가장 밝은 시간에 어둠이 짙게 깔리고 캄캄해진 것입니다. 이것을 성경은 뭐라고 말했냐면 누가복음 23:44에 보면 해가 빛을 잃었다고 말해줍니다.

> 때가 제육시쯤 되어 해가 빛을 잃고 온 땅에 어둠이 임하여 제구시까지 계속하며(눅 23:44).

여러분, 어떻게 해가 빛을 잃을 수가 있습니까? 어떻게 장작불, 그 불이 활활 타오르는데 빛을 잃을 수가 있느냐 이 말입니다. 장작불도 환하게 타면 그 빛은 잃을 수가 없는 겁니다. 태양은 빛을 잃을 수가 없습니다. 자그마한 빛 앞에서도 어떤 어둠도 한순간에 물러갑니다. 아무리 짙은 어둠이라 할지라도 전등을 켜는 순간 사라집니다. 그런데 오늘 성경은 말합니다. 해가 빛을 잃었다. 해가 빛을 잃었다. 신학자들은 이렇게 말합니다. 죄로 말미암아 죽어가는 예수님, 그 예수님의 아버지 되시는 하나님께서 아들이 죽어가는 것을 차마 보지 못하시고 어둠으로 대신했다고 말하기도 합니다. 틀린 말은 아니나 저는 이렇게 생각합니다. 인간의 죄가 얼마나 무서운가? 죄는 파멸로 이끕니다. 죄는 모든 것을 어둡게 만듭니다. 죄는 인간으로 하여금 비참하게 만듭니다. 죄는 무섭고 강하고 그래서 해가 그 빛을 잃어버릴

정도로 강력한 겁니다. 형광등을 켜서 밝게 한다 해도 내가 죄를 가지고 있으면 밝음이 의미가 없습니다. 아무리 진수성찬을 차려놨다 할지라도 나에게 죄가 있으면 진수성찬이 의미가 없습니다. 아무리 재미있는 구경거리가 있다고 할지라도 나에게 죄가 있으면 재미있는 구경거리가 재미가 없는 겁니다. 아니요. 내가 죄를 가지고 있으면 인생이 살맛이 나지를 않는 겁니다. 내가 죄를 가지고 있으면 식구의 얼굴을 볼 수가 없고, 배우자의 얼굴을 볼 수가 없고, 자식들의 얼굴을 볼 수가 없는 겁니다. 죄는 모든 것을 어둡게 합니다. 죄는 소망을 사라지게 만듭니다. 죄는 소망도, 기쁨도, 즐거움도 없고 어두움뿐입니다.

## 죄의 의미, 죄의 결과

왜 어둠이 3시간 동안 진행되었을까요? 여기 중요한 한 가지를 발견하게 됩니다. 죄의 의미, 죄의 결과는 무엇인가? 죄는 하나님과의 관계를 깨게 만드는 것입니다. 그래서 주님께서 이렇게 부르짖은 거예요. "나의 하나님 나의 하나님 어찌하여 나를 버리시나이까?" 어제 우리는 겟세마네 동산에서 기도하신 예수님께서 제자들에게 "내 마음이 매우 고민하여 죽게 되었으니 너희는 여기 머물러 나와 함께 깨어 있으라" 하고 말씀하신 것을 기억하실 겁니다. 사실 어제 말씀을 드리지 않았지만 여러분, 이 부분이 이상하지 않나요? 왜냐하면 의식이 있고 목적이 있고 목표가 분명한 사람 중에 목숨 걸고 나서는 사람들을 우리는 인류 역사에 많이 봅니다. 나라를 위해서 목숨을 걸고 나라를 지키겠다고 나선 사람들이 얼마나 많습니까? 의리를 지키기 위해서 목숨 거는 사람들도 얼마나 많이 있습니까? 친구를 위해서 그리고 내 가족을 위해서 이 한목숨 희생하겠다고 하는 사람들이 얼마나 많이 있습니까? 그런데 예수님은 지금 십자가 앞에서 "내 마음이 매우 고민하여 죽게 되었으니 너희는 여기 머물러 나와 함께 깨어 있으라."

여러분, 인류 역사에 보면 십자가에 죽은 사람이 한두 사람이 결코 아닙니다. 수많은 강도, 강력한 범죄자들이 십자가에 많이 죽었습니다. 오늘 예수님께서 십자가에 못 박히신 상태에도 양편에 강도 둘이 못 박혀 있는 겁니다. 그런데 겟세마네 동산에서 예수님의 모습은, 그렇게 의연했던 예수님, 그렇게 당당했던 예수님의 모습이 아니라 "내 마음이 매우 고민하여 죽게 되었으니 너희는 여기 머물러 나와 함께 깨어 있으라." 그리고 밤이 맞도록 세 번이나 같은 기도로 간절히 기도한 예수님의 모습입니다. 그 모습을 우리는 이해할 수가 없습니다. 왜 그렇게 두려워하고 힘들어하고 고민하고 하나님께 그렇게 매달렸을까요? 그런데 오늘 우리는 이해할 수가 있습니다. 예수님의 죽음은 하나님께 버림받는 죽음이기 때문입니다. 죄는 하나님과의 관계를 깹니다. 죄는 하나님께서 버립니다. 죄를 가진 자는 하나님이 함께하지 않습니다. 그렇기 때문에 우리 주님, 우리의 죄를 짊어지시고 십자가에 못 박혀 죽으시는 주님, 영원 전부터 함께하셨던 주님인데 함께 할 수 없었던 것입니다.

3시간 동안 어둠이 짙게 깔린 그 의미는 죄의 형벌을 받는 예수님이 결코 하나님과 함께할 수 없음을 우리에게 말해주고 있습니다. 죄를 짓는 순간 에덴에서 쫓겨났던 아담과 하와를 기억할 겁니다. 선악과, 그 하나 따먹은 것이 이렇게 무서운가? 여러분, 하나님 앞에는 사소한 거짓말도 무서운 겁니다. 죄는 어둠을 짙게 깔리게 만듭니다. 아나니아와 삽비라, 자기들의 재산을 팔아서 거짓말한 한 가지가 무엇입니까? 헌금을 안 한 것이 아닙니다. 일부를 빼놓고, 다 드렸다고 말한 단 한 가지 거짓말을 했습니다. 이것으로 아나니아도 죽고 삽비라도 죽은 것입니다. 죄는 하나님의 심판을 받게 됩니다. 죄는 사람에게 형벌을 가져다 줍니다. 죄는 사람에게 기쁨을 사라지게 만들고 어둠으로 짙게 갈리게 합니다. 아니 죄는 결코 하나님과 함께 할 수 없게 만듭니다. 이것이 죄의 무서움입니다.

지금 주님은 내 죄, 우리의 죄, 인류의 죄를 지고 십자가를 지신 겁니다. 방금 전만 해도 아버지라고 불렀던 예수님이신데, "엘리 엘리 라마 사박다니", "나의 하나님 나의 하나님"이라고 외칩니다. "나의 하나님 나의 하나님 어찌하여 나를 버리시나이까?" 죄를 가지고 계신 예수님은 하나님께 "아버지"라고 할 수가 없었던 것입니다. 인간의 죄를 지고 십자가에 곧 죽어가시는 주님은 차마 하나님을 아버지라고 부를 수가 없었습니다. 왜냐하면 죄인의 신분으로 형벌을 받고 있기 때문입니다. 그래서 "나의 하나님, 나의 하나님"이라고 외치신 것입니다. 죄는 하나님과 함께할 수 없고 하나님이 버리십니다. 그래서 "나의 하나님 나의 하나님 어찌하여 나를 버리시나이까"라고 예수님께서 절규하신 것입니다.

하나님과 함께하셨던 주님, 영원부터 영원까지 함께하실 주님이시지만 지금 땅이 흔들리고 하늘이 어두워지면서 죄가 얼마나 무서운가를 예수님의 절규에서 우리는 듣게 됩니다. 사랑하는 성도 여러분, 오늘은 예수님께서 십자가 지신 금요일입니다. 죄 짓지 맙시다. 오늘 이 새벽 우리에게 있는 죄를 회개합시다.

“하나님, 나의 죄를 용서해 주옵소서. 나는 죄인입니다.” 하늘도 땅도 태양도 빛을 잃은 주님의 죽음은 우리의 죄에 대한 형벌입니다. 하나님으로부터 버림받은 것입니다.

그런데 놀라운 것은 이로 인해 우리가 살게 된 것입니다. 주님이 죽으시고 우리가 살게 된 겁니다. 주님의 은혜에 감사하며 신실한 믿음의 사람이 됩시다. 2025년 상반기 고난주간 금요일이 아침에 주님만을 의지하며 사는 믿음의 사람들로 서기를 바랍니다.

# 6.

## 성소 휘장이 찢어지다

• • • • •

마가복음 15:37-39

예수님은 십자가에 못 박혀 죽으셨습니다. 세례 요한이 일찍이 예수님을 보고 "세상 죄를 지고 가는 하나님의 어린 양"이라고 소개한 것처럼 죄인들을 구원하기 위하여 한 마리 어린 양처럼 모진 십자가 고난을 당하셨습니다. 주님께서 십자가에서 남기신 마지막 말씀은 감동입니다. "다 이루었다. 아버지와 내 영혼을 아버지 손에 부탁하나이다." 그런데 예수님께서 십자가에 죽으시는 순간 아니 죽음과 동시에 엄청난 사건이 일어납니다. 오늘 37절, 38절을 보면 이렇게 말해줍니다.

37 예수께서 큰 소리를 지르시고 숨지시니라 38 이에 성소 휘
장이 위로부터 아래까지 찢어져 둘이 되니라(막 15:37-38).

성소 휘장은 예루살렘 성전 안에 성소와 지성소를 가르는 휘장입니다. 평소에는 언약궤가 들어있는 지성소를 가로막고 있기 때문에 매일 성소에서 섬기는 제사장들조차 그 안을 들어갈 수가 없습니다. 들어갈 수 없는 것만 아니라 그 안을 들여다볼 수도 없습니다. 성소 휘장은 하나님과 인간 사이의 경계선이라고 할 수가 있습니다. 휘장 안에는 하나님의 법궤가 놓여있고 그 안에는 십계명이 기록된 두 돌판과 만나가 담긴 항아리와 아론의 싹 난 지팡이가 들어있습니다. 성소와 지성소는 범죄한 인간이 하나님께 갈 수 없는 차단된 경계선입니다. 참 생명의 근원이신 아버지께 나아가는 그 길을 죄인 된 우리에게 막아놓은 거라 이 말입니다. 죄를 진 인간이 갈 수 있는 그 생명의 길이 끊어지고 죽음의 길이 열려 있는 것을 말해줍니다.

그런데 사실 이 부분에 있어서는 하나님께서 언젠가 이 휘장이 열리고 그 안에 계신 하나님과 영원한 생명으로 나아갈 수 있는 길이 열려 있음을 이미 구약에서 우리에게 알려주고 있습니다. 그것은 매년 7월 10일이면 속죄일에 대제사장이 이스라엘

온 백성들의 죄를 짊어지고 지성소에 딱 한 번 휘장을 열고 들어갈 수 있는 그 길이 열리게 된 겁니다. 이처럼 구약에서 보면 하나님께 나아갈 수 있는 그 길, 휘장이 열리는 날을 우리에게 가르쳐 주시고 이미 구약에서부터 그 길이 열릴 것을 우리에게 말씀해 주셨습니다.

그런데 예수님 십자가에 죽으시는 순간 성소의 휘장이 위에서부터 아래로 찢어지고 만 겁니다. 위에서부터 아래로 찢어졌다는 말은 인간이 찢었다는 것이 아닙니다. 그 높은 데서 인간이 찢을 수가 없습니다. 하나님께서 찢으신 것입니다. 이건 잠시 열었다가 휘장을 다시 닫는 그것이 아니라 완전히 찢어버린 것을 말합니다. 다시는 하나님께 나아가는 그 길이 막힌 게 아니라 활짝 열어놓으신 것을 말합니다. 아들 예수님이 죽으심과 동시에 하나님께서 죄인 된 인간이 영원한 생명에 들어갈 수 있는 길을 열어놓았다는 것입니다. 누가 그렇게 하셨습니까? 누가 그 길을 열어놓으셨습니까? 하나님 우리 아버지, 하나님께서 그렇게 하셨고 우리를 구원하기 위해서 친히 아들을 십자가에 못 박혀 죽게 하시면서 죽는 순간 성소의 휘장을 찢어 놓으신 것입니다. 이제 하나님 아버지께 나아가는 길을 아무도 막을 수가 없습니다. 하나님과 죄인 사이를 가로막는 모든 장애를 한순간에 완벽하게 제거하신 것입니다. 누구라도 상관없습니다. 어떤 죄인도 하나님께 나아갈 수 있으며 어떤 연약한 자도 어떤 인종도 어떤 신분도 어떤 권력자도 어떤 연령도 어떤 흉악한 범죄자도 하나님께 담대히 나아갈 수 있는 길을 열어 놓으셨습니다. 그것은 오직 예수 그리스도의 보혈의 피로 우리의 죄를 용서해 주시는 순간 그리고 그 죄를 짊어지시고 십자가에서 죽으시는 순간 하나님께 나아갈 수 있는 길을 열어 놓으신 것입니다. 예수님이 친히 대제사장 되어 우리에게 하나님께 나아갈 그 길을 주께서 열어 놓으신 것이라 이 말입니다.

> 14 그러므로 우리에게 큰 대제사장이 계시니 승천하신 이 곧
> 하나님의 아들 예수시라 우리가 믿는 도리를 굳게 잡을지어
> 다 15 우리에게 있는 대제사장은 우리의 연약함을 동정하지
> 못하실 이가 아니요 모든 일에 우리와 똑같이 시험을 받으신
> 이로되 죄는 없으시니라 16 그러므로 우리는 긍휼하심을 받고
> 때를 따라 돕는 은혜를 얻기 위하여 은혜의 보좌 앞에 담대히
> 나아갈 것이니라(히 4:14-16).

## 그림자와 실체

여기 우리가 잠시 생각해야 할 것이 있습니다. 왜 예루살렘 성전에 예수님께서 올라가셔서 첫 번째 성전을 청결케 하셨을까요? 오늘 십자가에 죽으시고 성전 휘막이 위에서부터 아래로 찢긴 것을 보면서 조금은 이해할 것 같습니다. 악한 종교 지도자들, 더러운 유대인들이 성전을 더럽혔을 때 예수님께서 깨끗하게 청결하게 하신 것은 청결케 된 예루살렘 성전에서 죄 없으신 하나님의 어린 양이 바쳐지게 될 것을 주님은 아시기 때문입니다. 성전 청결 사건은 예수님께서 스스로 하나님의 완벽한 제물로 바쳐지기를 원한 거라 이 말입니다. 예수님이 십자가에 죽으심과 동시에 휘장이 찢어진 것은 성경과 예수님의 죽음이 밀접한 관계가 있음을 보여주고 예수님의 몸과 지성소가 연관되어 있음을 우리에게 말해줍니다. 다시 말해서 예수님께서 지성소에 바쳐진 하나님의 어린 양이라는 뜻입니다. 십자가에서 예수님의 피 흘림은 구약 시대 지성소에 뿌려졌던 동물의 피가 이제 실체가 와서 그 피 흘리시고 죽으심을 말해줍니다. 구약의 그림자였던 그 실체가 예수님이라는 것입니다. 그래서 성소 휘장을 찢으시고 자신의 몸과 피를 지성소에 뿌리신 것입니다. 하나님의 발

등상인 법궤 위에, 시은좌 위에 죄 없으신 하나님의 어린 양이신 예수님의 피가 뿌려짐으로써 하나님과 자기 백성 사이에 막혔던 담이 완벽하게 허물어진 것입니다. 더 추적하면 아담과 하와가 범죄한 이후로 에덴을 하나님께서 가시덤불과 화염검으로 막으신 것처럼 이제는 예수님께서 그것을 다 허물어 버리고 천성을 향해 나갈 수 있고 하나님 길에 나갈 수 있는 길을 열어 놓은 거라 이 말입니다.

## 땅이 진동하며 바위가 터지고

그런데 더 놀라운 것은 예수님께서 십자가에 죽으시는 그 이후에 휘장이 찢어진 것만 일어난 사건은 아닙니다. 마태복음 27:50-54을 보면 휘장만 찢어진 것이 아니라 엄청난 일이 일어나게 된 겁니다.

> 50 예수께서 다시 크게 소리 지르시고 영혼이 떠나시니라 51
> 이에 성소 휘장이 위로부터 아래까지 찢어져 둘이 되고 땅이
> 진동하며 바위가 터지고 52 무덤들이 열리며 자던 성도의 몸
> 이 많이 일어나되 53 예수의 부활 후에 그들이 무덤에서 나와

서 거룩한 성에 들어가 많은 사람에게 보이니라 54 백부장과
및 함께 예수를 지키던 자들이 지진과 그 일어난 일들을 보고
심히 두려워하여 이르되 이는 진실로 하나님의 아들이었도다
하더라(마 27:50-54).

여러분, 여기 보면 엄청난 일이 일어난 것을 발견하게 됩니다. 휘장이 찢어짐과 동시에 발생한 이 사건은 인간이 할 수 없는 사건입니다. 땅이 진동합니다. 바위가 터집니다. 땅이 진동하는 것은 지진 외에는 일어날 수가 없습니다. 바위가 터지는 것은 인간의 힘으로 할 수가 없습니다. 그런데 생명의 길을 여시는 일은 땅의 근본과 질서를 완전히 뒤엎는 중대하고 충격적인 일이라는 뜻입니다. 바위가 터진 것은 어떤 것으로도 죄는 부술 수 없는데 예수님께서 죄의 세력을 부수시고 우리를 옥죄던 죄와 멍에와 사슬을 깨뜨린 것을 뜻합니다. 땅이 진동하고 바위가 터진 것은 예수님이 죽으시면 그 어떤 것도 깨뜨릴 수도 없고 움직일 수 없는 죄, 그것을 흔들어 버리고 깨부순 것을 말합니다.

그런가 하면 무덤이 열렸다고 말합니다. 여러분, 어떻게 무덤이 열릴 수가 있습니까? 어떻게 무덤이 열릴 수가 있냐 이 말입니다. 그것만이 아니에요. 무덤이 열릴 뿐만이 아니라 예수님께

서 십자가에 죽으시고 부활한 3일 후에는 죽은 자들이 그 무덤에서 일어나 예루살렘 성전에 들어가 자신들의 몸을 보여줬다고 말해줍니다. 그야말로 죽은 자를 가두었던 음부의 세력이 깨어지고 사망의 권세가 무력해진 것입니다. 잠자던 성도의 몸이 많이 일어나고 죽음의 권세 아래에 갇혀 있던 성도들이 마지막 날을 기다리지 못하고 부활과 영생이 거짓이 아님을 증거하기 위해 죽어 잠들었던 성도들의 몸이 벌떡 일어난 것입니다. 그리고 예수님이 3일 후에 부활하신 후에 예루살렘 성전에 들어가서 이러한 사실을 자기 몸으로 증명한 것입니다. 맞아요. 예수님의 죽으심은 우리를 살리시는 겁니다. 예수님의 부활은 우리의 부활임을 말씀해 주십니다. 예수님이 부활하신 것처럼 우리도 부활할 것을 여기 무덤 문이 열리고 부활해서 다시 나와서 예루살렘 성전에 들어간 그들의 몸으로 입증한 것처럼 주님 오시는 그날 우리도 부활할 것입니다.

## 이 사람은 진실로 하나님의 아들이었도다

마지막으로, 백부장과 함께 예수를 지키던 자들이 지진과 그 엄청난 일들을 보고 그들의 고백은 놀랍습니다. “이는 진실로 하나님의 아들이었도다." 예수님이 하나님의 아들이었음을 십자가에 죽으시는 그때 가장 먼저 고백한 사람은 대제사장들이 아닙니다. 장로들이 아닙니다. 이방 사람 로마의 백부장과 로마의 사병들 이방인들이었습니다. 유대인이 아닙니다. 예수님과 무관한 이방 사람들입니다. 사람들을 죽이고 전쟁터에서 피를 흘린 로마의 백부장 그의 입에서 나온 고백은 놀랍습니다. "이는 진실로 하나님의 아들이었도다." 그들이 예수님을 심문할 때 너무 혹독했습니다. 너무 잔인했습니다. 예수님을 때리고 조롱하고 예수님의 옷을 벗겨서 제비 뽑은 그들입니다. 가시관을 엮어서 그 머리에 씌운 사람들이 그들입니다. 예수님을 그 앞에 무릎 꿇리고 희롱하여 "유대인의 왕이여 평안할지어다"라고 조롱한 사람은 그들이었습니다. 침 뱉고 갈대를 빼앗아 예수님의 머리를 친 사람들은 로마의 군인들이었습니다. 그것만이 아니라 희롱한 후에 홍포를 벗기고 도로 그의 옷을 입혀 십자가를 못 박으려고 데리고 온 자들도 로마 군인들이었습니다. 그런데 그들의 입에서 나온 것은 놀랍습니다. 그들의 고백은 놀랍습니다. 심히 두려워 이르되 "이는 진실로 하나님의 아들이었도다." 그들의 종교는 다릅니다. 로마인의 종교는 다릅니다. 로마에는 이미 십수만의 우상들이 있고 거짓 신들이 있습니다. 그런데 이런 역사는 살아서 본

적이 없습니다. 지진이 일어나고 바위가 터지고 휘장이 찢기며 무덤 문이 열리는 것은 생생하게 역사하는 하나님의 그 역사였습니다. 그리고 십자가를 지신 예수님은 인간이 감히 침략할 수 없는 하나님의 아들이었습니다.

이방인들의 그 고백은 구원이 이스라엘에만 아니라, 구원이 유대인들에게만 아니라 그것을 보고 느끼고 깨닫고 그리고 믿는 그들에게 똑같이 주어지는 구원의 은총임을 알게 해주십니다. 십자가의 은혜를 깨닫는 사람은 유대인이 아니라, 이스라엘만이 아니라, 로마인만 아니라, 미국 사람만 아니라, 인류의 어느 누구라도 가능합니다. 그 진리를 깨닫는 순간, 십자가에서 죽으신 예수님이 진실로 하나님의 아들이었다는 것을 깨닫는 순간 모든 사람에게 주시는 하나님의 구원의 은총임을 알게 해주십니다. 구약에 있는 것처럼 제사해야만 구원받는 게 아닙니다. 유대인, 이스라엘 사람들, 그들에게만 해당하는 구원이 아닙니다. 그것을 보고 깨닫는, 그 진리를 아는 어떤 사람이든 그 누구든 구원의 은총 속에 포함됨을 알게 해줍니다. 어떤 죄인도 어떤 신분도 어떤 권력자도 어떤 연약한 자도 어떤 인종도 예수 믿는 그 순간 십자가의 그 보혈로 휘장이 찢어져서 하나님께 나아갈 수 있는 것처럼 구원에 이르게 됨을 알게 해주십니다. 맞아요. 우리 주님은 구원자이십니다. 우리 주님은 생명이십니다. 우리 주님은 하나님이신데, 우리를 살리기 위해서 우리 대신 십자가에 못 박혀 죽으신 하나님의 어린 양입니다.

사랑하는 성도 여러분, 예수님은 세상 죄를 지고 가는 하나님의 어린 양입니다. 예수님 죽으심과 동시에 휘장이 찢어지고 주께서 그렇게 죽으신 것입니다. 하늘길을, 하나님께 나아갈 생명의 길을 열어주셨습니다. 예수님은 우리의 생명이시고 예수님은 우리의 구원이십니다. 사랑하는 성도 여러분, 우리 예수 잘 믿으십시다. 우리 예수님 잘 섬깁시다. 예수님만이 소망입니다. 여러분, 2025년 고난주간 마지막 토요일 새벽에 휘장이 찢어짐으로 주님께 나아갈 길을 활짝 열어놓으신 그 주님, 그 주님이 우리에게 생명을 주셨습니다. 다른 것을 보지 맙시다. 다른 말에 휘둘리지 맙시다. 세상의 풍속에 흔들리지 맙시다. 우리의 살길은 십자가밖에 없습니다. 예수님, 그분만이 우리에게 살길을 주셨습니다. 그 살길을 주신 예수님을 바라보고, 십자가를 바라보고 내게 준 십자가를 짊어지고 주님을 따르는 저와 여러분들이 되기를 바라고, 또 이렇게 그 길을 걸어가는 우리를 보면서 또 다른 사람들이 예수 믿고 구원받는 이런 열매가 있기를 바랍니다.

# 7.
# 예수님 살아나셨습니다

• • • • •

누가복음 24:1-12

오늘은 2025년 부활주일입니다. 예수님께서 죽음을 이기시고 부활하신 날입니다. 인류 역사에 죽음을 이기고 부활하신 분은 예수님밖에 없습니다. 부활은 기독교의 핵심이요 부활은 인류의 소망이며 부활은 성도에게 있어서는 복음 중에 복음이요 기쁨 중에 기쁨입니다. "사람이 산다. 사람이 영생한다." 이것보다 더 큰 기쁜 소식은 없을 것입니다. 그런데 부활의 아침에 무덤을 향해 달려간 여인들을 보면 마태복음, 마가복음, 누가복음, 요한복음, 그들을 보면 주님에 대한 열정이 대단했던 사람들입니다. 막달라 마리아, 야고보의 어머니 마리아, 살로메, 요안나 그리고 다른 마리아 그리고 다른 여인들이라고 설명해 줍니다. 무덤을 찾아간 사람들 중에 남자는 없습니다. 여인들만이 갔다고 말해줍니다. 그러니까 이 여자들이 남자들보다 믿음이 좋아서 예수님의 무덤에 찾아간 것처럼 생각할 수가 있는데 그게 아니라는 것입니다. 이 여인들이 예수님의 무덤을 찾아간 것은 예수님이 부활하셨기 때문이 아니라 무덤에 묻혀 있는 예수님의 그 시신에 향품을 바르기 위해서 꼭두새벽에 찾아간 거라 이 말입니다. 여인들은 예수님의 부활을 믿지도 않았고 상상하지도 못했습니다. 오히려 이들의 대화는 "누가 그 무거운 돌문을 열어줘야 할 텐데, 누가 열어줄까" 하고 걱정스러운 대화였습니다. 왜냐면은 우리나라처럼 땅에 파묻어서 사람의 시신을 매장하는 게 아니라 유대인들은 동굴을 파서 거기에 시신을 안장하고 그 다음에 돌문을 놓아서 사람들로 하여금 쉽게 열지 못하도록 했기 때문입니다.

성경을 잘 보면 예수님을 안장한 이 무덤의 "돌문은 컸다"라고 말합니다. 큰데 그냥 큰 게 아니라 "심히 컸다"라고 말합니다. 이 말은 인력으로서 몇 사람 가지고 문을 열 수 있는 그런 문이 아니라는 겁니다. 그러니 이 나약한 여자들이 그 돌문을 열 수가 없는 겁니다. 그것뿐만이 아니라 "예수님의 무덤을 인봉했다." 그렇게 말합니다. 로마의 군인들이 인봉하고 지켰다고 말합니다. 함부로 접근할 수가 없는 겁니다. 무덤 문이 열리지 않으면 예수님의 죽은 시신에 향품을 바를 수가 없는 겁니다. 예수님의 무덤을 향한 이 여인들의 마음은 부활의 주님이 아니라 죽은 예수님이었습니다. 왜 그래요? 인간은 죽으면 끝이라고 생각하는 게 인간입니다. 다시 살아난다는 것은 상상할 수가 없습니다.

## 안식 후 첫날

그런데 성경을 잘 보시면 마태복음, 마가복음, 누가복음, 요한복음의 공통된 단어가 하나 있는데 그게 뭐냐면 "안식 후 첫날"이라고 말합니다. 마태복음을 보면 "안식일이 다 지나고 안식 후 첫날이 되려는 새벽에", 마가복음에서도 "안식 후 첫날 매우 일찍이 해 돋을 때에", 누가복음에서도 "안식 후 첫날 새벽에", 요한복음에서도 "안식 후 첫날 일찍이 아직 어두울 때에" 예수님이 부활하신 것을 말해줍니다. 그러니까 예수님께서 십자가에 못 박혀 죽으시고 부활하신 이 사건이 무엇과 연결되냐면 안식일과 밀접하게 연관되어 있음을 우리에게 알게 해주는 거라 이 말입니다.

여러분, 안식일이 어떤 날입니까? 안식일은 하나님이 천지 만물을 창조하시고 일곱째에 안식한 날이 안식일입니다.

> 2 하나님이 그가 하시던 일을 일곱째 날에 마치시니 그가 하
> 시던 모든 일을 그치고 일곱째 날에 안식하시니라 3 하나님이
> 그 일곱째 날을 복되게 하사 거룩하게 하셨으니 이는 하나님
> 이 그 창조하시며 만드시던 모든 일을 마치시고 그 날에 안식
> 하셨음이니라(창 2:2-3).

사실 안식일은 우리를 위한 안식일입니다. 죄로 말미암아 저주받은 이 땅에 사는 인생, 얼마나 고달픕니까? 수고하고 땀 흘려야만 먹고 삽니다. 그런데 우리를 안위하고 위로해 주는 날이 어떤 날인가 안식일입니다. 여러분, 안식이라는 것은 쉬는 것을 말하는데 "7일마다 사람과 짐승, 남녀 종, 객과 가축은 모든 고된 노동에서 쉬라"고 하신 날이 안식일입니다. 여러분, 세종대왕도 어떤 날을 기다린 줄 아세요? 조선시대에 그때는 일주일에 한 번씩 쉬는 날이 없었어요. 우리나라는 열 순으로 갔습니다. 그렇기 때문에 그 하루를 쉬기 위해서 세종대왕도 기다렸다고 말합

니다. 근데 역사는 참 놀라워요. 어떻게 일주일에 한 번씩 쉬는 이날이 이렇게 온 세계의 쉬는 날이 되는지 모르겠습니다.

더 중요한 것은 이스라엘 백성들이 430년 동안 이집트에서 종살이하는데 하나님께서 그들을 건져냅니다. 시내산에 도착해서 언약의 말씀으로 주세요. "안식일을 지켜라." 그들로 하여금 하나님의 은혜, 자유를 주고 마음껏 주님을 섬길 수 있는 이 놀라운 것을 기억하라고 하면서 안식일을 주십니다. 그날을 기억하면서 하나님을 겸비하도록 허락하신 날이 안식일이라는 것입니다.

여러분, 그런데 성경을 잘 보시면 예수님이 부활하신 날을 계속 "안식 후 첫날"이라고 말합니다. 안식 후 첫날, 부활했다는 거예요. 이 말은 안식일 때에 예수님께서 뭐 하셨냐면 무덤에서 안식했다는 말이에요. 진짜 안식은 쉬는 거예요. 그런데 인간이 범죄함으로 말미암아 안식을 누리지 못합니다. 모두가 다 고생하고 땀을 흘려야만이 됩니다. 그런데 안식일 날 오히려 예수님은 무덤에 계시고 쉬신 거예요. 죄를 지은 인간이 안식을 누리지 못하는데, 아담과 하와가 범죄한 이후로 안식을 누리지 못하는데 이 사탄 마귀의 꾀임을 받은 인간은 그렇게 살 수밖에 없는데, 주께서 안식이 무엇인가를 가르쳐 주신 겁니다. 인간이 파괴

한 안식을 우리 주님께서 부활하기 전까지 안식하신 것입니다. 그렇다면 안식 후 첫날 부활했다는 말은 어떤 의미입니까? 이 말은 사탄이 인간에게 안식을 주지 않고 오히려 죽음과 고통과 두려움과 공포를 주었는데 그렇게 사는 이런 인생에게 안식 후 첫날 부활하심으로 말미암아 "사탄에게 승리했다는 것"을 선포하는 날이 바로 이 부활의 날, 안식 후 첫날이라고 말해줍니다. 여러분, 인간 중에 죽음을 이길 수 있는 사람이 누굽니까? 사망을 이길 수 있는 사람 누굽니까? 아무도 없어요. 그런데 우리 주님께서 사망 권세를 깨뜨리고 안식 후 첫날 부활하신 것입니다. 죽은 자가 다시 살아나는 이런 역사를 오늘 예수 그리스도를 통해서 우리에게 보여주는 것이라 이 말입니다.

## 찬란한 옷을 입은 두 사람

놀라운 일은 이 일을 누가 알게 해 주셨냐는 것입니다. 누가 알게 해 주셨어요? 사람이 아닙니다. 성경을 잘 보면 천사가 알려줬다고 말씀해 주십니다. 하나님께서 예수님이 죽었다 살아난 이 일을 누구를 동원시켜서 입증해 주냐면 하늘의 천사들을 동원해서 입증하고 있다는 사실입니다. 왜 그래요? 인생 중에는 사람이 죽었다 살아나는 것을 알고 깨닫고 믿는 사람은 아무도 없습니다. 죽음 그리고 살아나는 것은 인간의 영역이 아니에요. 인간의 한계를 뛰어넘는 거라 이 말입니다. 사람이 살았을 때는 그냥 이렇게 지나가지만 죽으면 아무것도 못합니다. 그리고 살아 있는 자가 죽은 자를 모르는 거예요. 그런데 죽음에서 부활했다는 것은 더 모르는 거죠. 이것을 이해할 사람이 누가 있습니까? 이것을 아는 사람이 누구냐 이 말이에요. 이것을 아는 분은 하나님이세요. 그래서 하나님께서 천사들을 동원합니다.

참 놀라운 일은 일반 사람들은 모른다고 해도 괜찮겠지만 3년 동안 예수님과 함께 동고동락했던 제자들 그리고 수제자 베드로는 알 만할 텐데 그들도 모릅니다. 오늘 11절, 12절에 보면 사도들이 어떤 반응이냐면 "허탄한 듯 들려 믿지 아니했다"라고 합니다. 그리고 베드로도 똑같이 믿지 않은 거예요. 그래서 무덤에 달려갑니다. 가보니까 세마포만 보여요.

[11] 사도들은 그들의 말이 허탄한 듯이 들려 믿지 아니하나 [12]
베드로는 일어나 무덤에 달려가서 구부려 들여다 보니 세마
포만 보이는지라 그 된 일을 놀랍게 여기며 집으로 돌아가니
라(눅 24:11-12).

믿을 수가 없는 거예요. 놀랍게 여겼다고 그렇게 말합니다. 허탄한 듯이 여기고 믿지를 않는 거예요. 여러분, 사람이 죽었다가 살아나면 그것을 믿는 사람은 아무도 없어요. 놀랄 뿐이죠. "도대체가 그런 일이 어떻게 일어나냐"라고 반문할 뿐이라 이 말입니다. 이런 사실을 하나님이 아시기 때문에 천사들을 동원합니다.

참 그런데 성경을 잘 보면 예수님이 죽음에서 부활하실 때만 천사들을 동원한 게 아니더라고요. 예수님이 이 땅에 태어나실 때도 사람들이 몰랐습니다. 유대인들도 몰랐어요. 이스라엘의, 유대인의 헤롯 왕도 모르고 율법학자들도 모르고 아무도 몰랐습니다. 누가 안 줄 아세요? 천사들이 알았습니다. 천군 천사들이 하늘로부터 그야말로 빽빽하게 들어서는데 목자들에게 가르쳐줍니다. 그리고 왕으로 오신 메시아, 구세주 아기 예수께 경배하게 합니다. 그리고 그 천사들이 어떻게 한 줄 아세요? 하늘의 하나님을 찬양하는데 천군 천사가 찬양했다고 말합니다.

> 10 천사가 이르되 무서워하지 말라 보라 내가 온 백성에게 미
> 칠 큰 기쁨의 좋은 소식을 너희에게 전하노라 11 오늘 다윗의
> 동네에 너희를 위하여 구주가 나셨으니 곧 그리스도 주시니

라 12 너희가 가서 강보에 싸여 구유에 뉘어 있는 아기를 보리
니 이것이 너희에게 표적이니라 하더니 13 홀연히 수많은 천
군이 그 천사와 함께 하나님을 찬송하여 이르되 14 지극히 높
은 곳에서는 하나님께 영광이요 땅에서는 하나님이 기뻐하
신 사람들 중에 평화로다 하니라(눅 2:10-14).

여러분, 한번 생각해 보십시오. 누가 하나님이 이 땅에 태어난 것을 믿겠습니까? 누가 하나님이신 예수님이 이 땅에 사람으로 오신 것을 알겠느냐 이 말이에요. 몰라요. 하늘의 하나님이 아시는 거라 이 말입니다. 그래서 누구를 동원해요? 천사들을 동원합니다. 천사들을 동원해요. 그리고 천군 천사가 하나님께 찬양과 경배를 올려 드립니다.

그런데 사람이 죽었다 살아나는 것은 더 믿을 수가 없는 겁니다. 참 기독교가 얼마나 신비한가를 알 수가 있어요. 뭐냐 하면 이 땅의 일이 하늘에 상달되고 직결되어 있다는 사실이에요. 예수님이 이 땅에 오시는 것과 예수님이 죽음에서 부활하신 이 일이 하늘과 땅이 직결되어서 오늘 인생들에게 알려주고 있다는 사실이에요. 여러분, 주님을 믿는 믿음은 인간의 힘으로 알 수 없습니다. 인간의 지혜로 깨달을 수가 없다 이 말입니다. 내

가 주님을 믿는 이 믿음은 하나님께서 깨닫게 해주셔야 믿는 거예요. 우리가 이 자리에 앉아 있는 것, 우리가 주님을 위해서 섬기는 것, 아무나 할 수 없습니다. 아무나 그런 믿음을 가지지를 않습니다. 하나님의 은혜를 받은 사람, 하늘이 하나님께서 역사하셔서 큰 은총을 입은 사람만이 그 믿음을 가지고 그 주님을 섬기며 그 부활의 증인이 될 수 있는 거라 이 말입니다. 참 놀라워요. 기독교의 신비함이 여기에 있습니다. 이 땅에 살아가는 이것이 그냥 사는 것이 아니에요. 이 땅에 예수 믿는 사람들이 섬기는 이것이 그냥 섬기는 것이 아닙니다. 하늘에 상달된 거예요. 아무나 주를 섬길 수가 없습니다. 주의 백성만이 하나님의 은혜를 입은 사람만이 섬길 수가 있는 겁니다.

여러분, 그런데 이 천사들이 어떻게 부활의 주님을 증거한 줄 아십니까? 기적을 나타내지 않았습니다. 능력을 발휘하지 않았습니다. 놀랍게도 이들이 부활의 주님을 증거한 건 딱 하나예요. 그게 뭔 줄 아세요? 예수님의 말을 그대로 전달했을 뿐입니다. 주님의 말씀을 전달한 것밖에 없어요.

6 여기 계시지 않고 살아나셨느니라 갈릴리에 계실 때에 너희
에게 어떻게 말씀하셨는지를 기억하라 7 이르시기를 인자가

죄인의 손에 넘겨져 십자가에 못 박히고 제삼일에 다시 살아나야 하리라 하셨느니라 한대 [8] 그들이 예수의 말씀을 기억하고(눅 24:6-8).

천사가 전한 내용은 복잡하지 않아요. 단순합니다. 모르는 게 아니에요. 모르는 말이 아니에요. 평소에 예수님께서 그들에게 들려줬던 말을 천사들이 그대로 전해준 겁니다. "인자가 죄인의 손에 넘겨져 십자가에 못 박히고 제삼일에 다시 살아나야 하리라 하셨느니라." 그러니까 이 여인들이 "기억했다"라고 말해줍니다. "기억했다"라고 말해요.

## 제삼일에 다시 살아나야 하리라

여러분, 성경을 잘 보십시오. 마태복음 5장부터 7장에 보면 산상보훈이 나옵니다. 그런가 하면 요한복음 6장에 보면 오병이어로 5천 명을 먹이고도 열두 바구니를 남기는 엄청난 일이 있습니다. 그런가 하면 죽은 나사로를 살립니다. 그런데 놀랍게도 주께서 사이사이에다가 무엇을 말씀하시냐면 "내가 죽었다가 3일 만에 살아난다"라고 말씀하세요. 세 군데만 찾아보겠는데 첫 번째는 마태복음 16장입니다. 빌립보 가이사랴 지방에서 거니실 때 제자들에게 묻습니다. 그리고 대답하고 장차 본인이 십자가에 못 박혀 죽으시고 3일 만에 부활할 것을 말씀하십니다.

이때로부터 예수 그리스도께서 자기가 예루살렘에 올라가 장로들과 대제사장들과 서기관들에게 많은 고난을 받고 죽임을 당하고 제삼일에 살아나야 할 것을 제자들에게 비로소 나타내시니(마 16:21).

그런가 하면 마태복음 17장에 가면 갈릴리에서 말씀하십니다.

22 갈릴리에 모일 때에 예수께서 제자들에게 이르시되 인자
가 장차 사람들의 손에 넘겨져 23 죽임을 당하고 제삼일에 살
아나리라 하시니 제자들이 매우 근심하더라(마 17:22-23).

그런가 하면 이제 예루살렘에 올라가면서 말씀하십니다.

33 보라 우리가 예루살렘에 올라가노니 인자가 대제사장들과
서기관들에게 넘겨지매 그들이 죽이기로 결의하고 이방인들

에게 넘겨 주겠고 [34] 그들은 능욕하며 침 뱉으며 채찍질하고
죽일 것이나 그는 삼 일 만에 살아나리라 하시니라(막 10:33-
34).

여러분 보십시오. 천사들이 이 여인들에게 예수님의 부활하심을 말할 때 다른 거 말하지 않아요. 기적을 나타내거나 천사들의 어떤 능력을 보여주는 것이 아니라 이 말이에요. 주님의 말씀을 그대로 전해줍니다. "너희가 갈릴리에서 예수님께서 하신 말씀을 잊었느냐 십자가에 죽고 삼일 만에 다시 살아난다는 것을 기억하라"고 말할 때 이 여인들이 기억합니다. 맞아요. 여러분, 믿음은 하나님의 말씀에서 일어납니다. 믿음은 들음에서 나고 들음은 곧 그리스도의 말씀이라고 말해줍니다. 사랑하는 성도 여러분, 성도에게서 나와야 할 것이 뭔 줄 아세요? 하나님의 말씀입니다. 목사에게서 나와야 할 말이 뭔 줄 아세요? 성경 말씀입니다. 장로에게서 나와야 할 말이 뭐예요? 하나님의 말씀입니다. 교회에서 들려줘야 할 말이 뭐예요? 하나님의 말씀입니다.

사랑하는 성도 여러분, 천사들은 다른 말 하지 않았어요. 주께서 평소에 하셨던 말씀을 그대로 전해줍니다. 이 여인들이 그게 기억이 났다고 그랬어요. "기억났다." 참 사람들을 만나면 별

별 말을 많이 합니다. 그런데 진짜 도움이 되고 우리로 하여금 얼굴빛을 환하게 빛나게 하는 게 있는데 그게 뭔 줄 아세요? 하나님의 말씀입니다. 여러분, 하나님의 말씀은 우리 영혼을 맑게 하고 우리의 가슴을 설레게 합니다. 그 진리를 깨달을 때, 그 하나님의 말씀을 깨닫게 될 때 정신이 번쩍 들고 살맛이 나고 인생이 얼마나 행복한지, 진리를 아는 것이 얼마나 복인가를 알 수가 있습니다. 교회에는 하나님의 말씀이 선포돼야 됩니다. 성도의 입에서는 하나님의 말씀이 나와야 해요.

## 주께서 하신 말씀

오늘 천사들의 입에서 다른 게 나오지 않습니다. 주께서 하신 말씀을 그대로 전달해요. 우리가 하나님의 말씀을 전할 때 어떤 일이 일어나는 줄 아세요? 사람이 변합니다. 놀라운 하나님의 역사가 일어나게 돼요. 왜 그래요? 말씀을 전할 때에 성령께서 역사하시기 때문입니다. 보혜사 성령 하나님이 진리를 알게 하고 진리를 깨닫게 하고 진리로 인도해 주십니다.

보혜사 곧 아버지께서 내 이름으로 보내실 성령 그가 너희에게 모든 것을 가르치고 내가 너희에게 말한 모든 것을 생각나 게 하리라(요 14:26).

그런가 하면 진리의 영이신 보혜사 성령 하나님께서 주님을 증언합니다.

내가 아버지께로부터 너희에게 보낼 보혜사 곧 아버지께로부터 나오시는 진리의 성령이 오실 때에 그가 나를 증언하실 것이요(요 15:26).

성령 하나님이 누구를 증언하냐면 예수 그리스도를 증언한다고 말합니다. 요한복음 16:13에 보면 성령께서 우리를 진리로 인도하는데 모든 진리로 인도한다고 말합니다.

그러나 진리의 성령이 오시면 그가 너희를 모든 진리 가운데로 인도하시리니 그가 스스로 말하지 않고 오직 들은 것을 말하며 장래 일을 너희에게 알리시리라(요 16:13).

죽음을 이해하는 사람 없고 죽은 자가 살아나는 일을 이해하는 자가 없습니다. 그런데 천사들이 주님의 말씀을 전달할 때이 이 여인들이 기억에서 깨닫습니다. "맞아! 우리 주님, 평소에 말씀하셨지. 주님, 정말 죽음에서 부활하셨구나." 하나님의 말씀만이 부활의 주님을 믿게 해주시고 깨닫게 해주시고 알게 해주십니다. 여러분, 인간의 처음과 나중이 누구에게 있습니까? 하나님께 있습니다. 한 나라의 흥망성쇠가 누구에게 있습니까? 하나님께 있습니다. 여러분, 인류 역사를 보면 교회를 박해하고 주의 종들을 힘들게 하고 주님을 대적한 자들 중 망하지 않은 자들이 하나도 없고 망하지 않은 나라가 하나도 없습니다.

종교개혁을 보십시오. 종교개혁을 위해서 정말 부강한 나라가 어느 나라예요? 독일입니다. 칼빈을 배출한 프랑스예요. 아브라함 카이퍼를 배출한 화란입니다. 그런가 하면 영국이 바뀌면서 예수를 잘 믿습니다. 조지 휫필드가 나온 영국입니다. 그런데 메리 여왕이 정권을 가지면서 예수 믿는 자를 핍박합니다. 청교도들이 메이플라워호를 타고 아메리카로 가죠. 미국, 청교도들에 의해서 세워진 나라입니다. 여러분, 미국이 그렇게 막강한 나라가 된 이유가 뭔 줄 아세요? 주의 종들을 많이 배출한 나라입니다. 특별히 세계에서 선교사를 가장 많이 파송한 나라가 미국입니다. 미국이 사양길로 들어선 게 언제인 줄 아세요? 1970년

대 지미 카터 때 학교에서 예배를 못 드리게 하는 거예요. 근데 하루아침에 멸망하면 사람들이 다 깨닫아요. 서서히 몰락하는 거죠. 그런데 지금도 미국이 그나마도 건재한 이유가 뭔 줄 아세요? 지금도 세계에 선교사를 최고로 많이 파송하는 나라가 미국이고, 두 번째가 어느 나라인 줄 아세요? 놀랍게도 대한민국이에요. 한국이 그래서 잘 사는 거예요. 하나님의 역사입니다. 한국교회가 살아야 해요. 교회가 교회답지 못하면 망하는 거예요. 의인 열 명이 있을 때 사는 거예요. 교회가 교회답고 신자가 신자다울 때 사는 거라 이 말입니다. 우리의 입에서 주의 말씀이 나오는 신자들이 되기를 바랍니다. 교회에서 하나님의 말씀이 널리 널리 퍼지는 그런 교회가 되기를 바랍니다. 거기에 살 길이 있고 성령 하나님께서 역사하십니다.

그런데 놀라운 일은 예수님께서 부활하셨는데 자기 자신을 증명할 때 엠마오로 내려가는 두 제자에게 가서 다른 설명하지 않아요. 모세로부터 시작해서 선지자의 글로 자기 자신을 증명합니다.

13 그날에 그들 중 둘이 예루살렘에서 이십오 리 되는 엠마오
라 하는 마을로 가면서 14 이 모든 된 일을 서로 이야기하더라

[15] 그들이 서로 이야기하며 문의할 때에 예수께서 가까이 이
르러 그들과 동행하시나 [16] 그들의 눈이 가리어져서 그인 줄
알아보지 못하거늘(눅 24:13-16).

이에 모세와 모든 선지자의 글로 시작하여 모든 성경에 쓴 바 자기에 관한 것을 자세히 설명하시니라(눅 24:27).

예수님도 무엇으로 설명하십니까? "이놈들아, 나야." 그렇게 설명하지 않아요. 하나님의 말씀을 가지고 설명합니다. 그리고 모세로부터 시작해서 선지자의 글을 가지고 설명하면서 그들에게 전해질 때 어떤 일이 벌어지는 줄 아세요? 함께 집에 머무르면서 떡을 떼어주고 축사할 때 그들이 눈이 떠졌다고 말합니다. 그리고 그들이 고백합니다. "말씀을 풀어서 가르쳐줄 때 우리의 가슴이 뜨겁지 아니하냐"라고 말합니다. 맞아요. 인생의 가슴이 뜨거워지는 것, 내 인생이 황홀해지는 때가 언제인 줄 아세요? 하나님의 말씀을 풀어서 설명하고 깨닫게 될 때 내 가슴이 뜨거워져요. 내 영혼이 가장 맑아지고 황홀하게 되는 게 그때라 이 말입니다. 사랑하는 성도 여러분, 하나님의 말씀을 가까이하기를 바랍니다. 진리 알기를 무엇보다도 소중하게 여기시기를 바랍니다.

## 머리를 쌌던 수건과 세마포

마지막으로 오늘 베드로가 가보니까 세마포가 놓여 있다고 그래요. 그런데 요한복음에 보면 이 세마포와 두건에 대해서 예수님에 대해 설명하는데 부활하신 예수님을 어떻게 설명하냐면 이렇게 설명해요.

> 6 시몬 베드로는 따라와서 무덤에 들어가 보니 세마포가 놓였
> 고 7 또 머리를 쌌던 수건은 세마포와 함께 놓이지 않고 딴 곳
> 에 쌌던 대로 놓여 있더라(요 20:6-7).

이게 무슨 말이냐면 우리나라처럼 사람이 죽으면 수의를 입히지를 않아요. 중동은 사람이 죽으면 얼굴을 수건으로 가립니다. 그리고 세마포라는 말은 붕대예요. 사람이 죽으면 긴 붕대를 둘둘둘 말아서 쌉니다. 그러니까 여러분, 죽은 나사로가 살아났을 때 우리나라 같으면 나오겠어요? 못 나오겠어요? 나오지요. 주께서 말씀하시면 안 되는 게 없으니까요. 그러나 안 되는 거죠. 무덤이 있는데 통통 튀어서 나와요. 튀어나오니까 어떻게 합니까? 풀어주라고 말합니다.

놀라운 일은 딱 보니까 예수님을 쌓던 세마포예요. 얼굴을 쌓던 수건입니다. 보니까 예수님이 안 계시는 거예요. 그 모습을 뭐라고 했냐면 머리에 쌌던 수건은 몸을 쌌던 세마포와 함께 놓이지 않고 딴 곳에 있다는 거예요. 목은 따로 떨어지잖아요. 따로 있어요. 다시 말하면 수건으로 머리를 싸는데 수건은 머리 쪽에 있고, 몸은 세마포로 쌌는데 세마포는 몸쪽에 있는 거예요. 목 부분은 비어 있고, 예수님의 시신은 있지 않은 거예요. 수증기처럼 싹 사라진 거예요. 이게 예수님의 부활입니다. 사람이 움직이려면 세마포를 자르든지 풀어버리든지 그래야 하는데 그대로 있어요. 그리고 계시지 않는 거예요. 이게 예수님의 부활입니다. 누가 하시는 거예요? 하나님이 하시는 거예요.

여기에 신비함이 있습니다. 어느 날 주님이 땅에 오실 때에 저도 죽어서 흙에 묻힐 것이고 여러분도 죽어서 흙에 묻힐 거예요. 그런데 주님 오시는 그날에 곳곳에 묻혀 있는 우리들이 수증기처럼 우리의 영혼과 연합돼서 부활체가 되는 것을 말씀해 주십니다. 사랑하는 성도 여러분, 안식 후 첫날에 주님이 부활하셨습니다. 죽음을 이기시고 사망의 권세를 이기시고 살아나신 분이 우리 주님 예수 그리스도이십니다. 그분이 믿는 자에게 생명 주시고 영생 주시고 영원한 천국을 선물로 주셨습니다. 헌신이 뭡니까? 나 같은 죄인이 하나님 앞에 내 몸으로 섬기는 것이 헌신입니다. 아무나 이 헌신할 수 있는 게 아니에요. 아무나 섬길 수 있는 것이 아니라 이 말입니다. 주님이 말씀하세요. "너희 몸으로 하나님께 영광을 돌리라"고 말씀해 주십니다.

천사들이 주의 말씀으로 부활의 주님을 증거한 것처럼 오늘 우리의 입술이 주의 말씀을 증거하는 입술이 되고 우리가 부활의 주님을 증거하는 증인이 되며 우리의 몸으로 부활의 주님의 영광을 드러내는 그런 교회요 그런 성도가 되기를 바랍니다. 기도하겠습니다.

• • • • •

하나님, 고맙습니다. 오늘 이 부활의 아침에 참 수증기처럼 확 변하고 그러기에 그렇게 우리도 주님 오시는 그날 부활할 것을 믿습니다. 그 많은 능력과 이적을 행할 수 있는 천사들이 주님의 말씀을 그대로 전할 때에 그들이 기억한 것처럼 오늘 성도의 입에서 주의 말씀이 나오기를 원하고 오늘 교회에서 하나님의 말씀이 선포되기를 원합니다. 오늘 한 사람, 한 사람 우리 성도들을 통해서 오늘 우리 교회를 통해서 하나님 말씀이 선포되어 성령이 역사하셔서 예수 믿는 역사, 하나님의 큰 능력이 나타나는 역사가 있게 하여 주옵소서 예수님의 이름으로 기도하옵나이다. 아멘.

8.

# 마리아와 부활의 예수님

• • • • •

요한복음 20:11-18

안식 후 첫날 새벽에 막달라 마리아가 예수의 무덤을 향해 갑니다. 다른 복음서에 보면 다른 여인들도 함께 있다고 말합니다. 이들이 예수님의 무덤을 향해 이른 새벽에 간 이유는 예수님 시신에 향품을 바르기 위함이었습니다. 문제는 예수님의 그 돌문을 누가 열어주느냐였습니다. 왜냐하면 대제사장들과 바리새인들이 빌라도에게 청하기를 예수님이 사흘 후에 다시 살아난다고 한 말을 기억하고 경비병으로 무덤을 지키게 하고 돌문을 열지 못하도록 밀봉까지 했기 때문입니다. 그런데 무덤에 왔을 때는 전혀 다른, 새로운 상황이 그들 앞에 펼쳐집니다. 예수님의 무덤 문은 열려 있고 예수님의 시신이 없어진 것입니다. 이런 가운데 충격을 받은 막달라 마리아가 급하게 예수님의 두 제자 베드로와 요한에게 달려가서 이 사실을 말합니다. 베드로와 요한 역시 예수님의 무덤에 와서 예수님의 시신이 없어진 것을 보고는 그냥 다시 집으로 돌아가요. 이런 상황에서 그들이 취할 행동은 아무것도 없었던 것입니다. 그런데 성경은 이렇게 그들의 신앙을 콕 집어서 말합니다.

(그들은 성경에 그가 죽은 자 가운데서 다시 살아나야 하리라 하신 말씀을 아직 알지 못하더라)(요 20:9).

무덤이 비어 있는 상황에서 두 제자는 돌아가고, 막달라 마리아는 무덤을 떠나지 않고 눈물만 흘립니다. 성경을 잘 보시면 막달라 마리아가 무덤을 떠나지 못하는 이유는 딱 한 가지입니다. 예수님께서 비참하게 죽으셨는데 시신도 없어졌기 때문입니다. 막달라 마리아에게 예수님은 유일한 소망이고, 돌아가신 예수님을 모셔야만 하는 그 마음이 있었기 때문입니다. 일반적으로 사람이 죽으면 아무리 사랑한다 해도 죽은 사람에 대한 예우를 할 뿐이지 그 이상은 없습니다. 죽은 사람을 장사 지낸 다음에는 일상으로 돌아가는 게 일반적인 사람들의 모습입니다. 그런데 막달라 마리아는 예수님이 생존해 계실 때나 십자가에 못 박혀 죽으시고 무덤에 묻힌 이후, 아니 빈 무덤을 보았어도 예수님을 떠날 수가 없었습니다. 비참하게 십자가에 못 박혀 죽으시고 무덤에 묻힌, 아니 빈 무덤을 보고 더욱 마리아의 마음이 애가 타는 상태에 있었던 것입니다. 막달라 마리아가 예수님의 무덤을 떠나지 못한 그 상황을 세 번을 말하는데, 첫 번째는 베드로와 요한에게 말하고, 두 번째는 천사들에게 말하고, 세 번째는 예수님에게 말합니다.

요한복음 20:2에 보면 베드로와 요한에게 "예수님 시신을 누가 가져갔는지 없다" 이렇게 말합니다.

> 시몬 베드로와 예수께서 사랑하시던 그 다른 제자에게 달려가서 말하되 사람들이 주님을 무덤에서 가져다가 어디 두었는지 우리가 알지 못하겠다 하니(요 20:2).

그리고 두 번째는 천사들이 똑같은 말을 해요.

천사들이 이르되 여자여 어찌하여 우느냐 이르되 사람들이 내 주님을 옮겨다가 어디 두었는지 내가 알지 못함이니이다(요 20:13).

세 번째는 예수님이 동산지기인 줄 알고 예수님에게 이렇게 말합니다.

예수께서 이르시되 여자여 어찌하여 울며 누구를 찾느냐 하시니 마리아는 그가 동산지기인 줄 알고 이르되 주여 당신이 옮겼거든 어디 두었는지 내게 이르소서 그리하면 내가 가져가리이다(요 20:15).

마리아의 모든 초점은 예수님이었습니다. 살아계실 때도 예수님이고, 죽으셨을 때도 예수님이고, 무덤에 묻혀 있을 때도 예수님이고, 지금 예수님의 시신이 없는데도 불구하고 막달라 마리아에게는 예수님, 예수님께 모든 초점이 있습니다. 예수님을 찾는데 두 가지 반응이 그녀에게 나와요. 하나는 "울었다" 그렇게 말하고 다른 하나는 "예수님의 시신을 찾겠다"라는 일념입니다. 본문 11절에 보면 "마리아는 무덤 밖에 서서 울고 있더니 울면서 구부려 무덤 안을 들여다보니." 13절에도 보면 "천사들이 이르되 여자여 어찌하여 우느냐." 15절에도 보면 "예수께서 이르시되 여자여 어찌하여 울며 누구를 찾느냐." 막달라 마리아는 예수님의 시신이 없어진 사실을 놓고 계속 울어요. 울고 또 울고, 울고 또 울고 주님에 대한 사랑과 열정이 얼마나 큰가를 말해줍니다. 마리아의 눈물은 예수님을 위한 눈물입니다. 예수님을 찾겠다는 신념 역시 예수님을 위한 마음의 행동입니다.

그러나 마리아는 울지 않아야 할 상황에서 울고 있었고, 예수님의 시신을 찾지 않아야 할 상황에서 찾은 것입니다. 문제는 부활하신 예수님께서 나타나실 때 그가 알아보지 못했다는 사실입니다. 오히려 동산지기인 줄로 착각하고 예수님에게 "시신을 어디에 두었느냐"라고 물었던 여인이 막달라 마리아입니다. 어떻게 이런 일이 일어날 수가 있단 말입니까? 그것은 마리아가 죽은 예수님을 찾고 있었기 때문입니다. 마리아가 찾은 예수님은 살아계신 부활의 예수님이 아니라 죽은 예수님이었습니다. 마리아는 살아계신 예수님을 꿈에도 생각을 못한 겁니다. 마리아가 찾은 예수님은 죽은 예수님이고, 마리아가 흘린 눈물은 죽은 예수님에 대한 눈물이었던 것입니다. 죽은 예수님을 찾으면 사신 예수님의 곁에 있어도 발견하지 못하고, 예수님이 자신을 불러도 예수님의 음성을 깨닫지 못하게 되는 겁니다. 부활하신 예수님을 알지 못하는 열정, 부활하신 예수님을 향한 사랑은 인간의 열정과 사랑에 그칠 뿐이지 그 이상도 그 이하도 아니라는 사실입니다. 그런데 놀라운 사실은 예수님은 죽음을 이기시고 부활하셨다는 사실입니다.

## 흰옷 입은 두 천사

은혜로운 것은 기독교가 무엇인가가 여기서부터 시작이 된다는 것입니다. 마리아를 부른 분은 누구냐면 두 천사였고 예수님이었다는 사실입니다. 마리아가 예수님의 시신이 없는 무덤을 향해 다시 들여다봅니다. 그런데 놀랍게도 그곳은 흰옷 입은 두 천사가 예수님이 뉘었던 시신 머리 편과 발 편에 앉아 있는 것입니다. 그런데 놀랍게도 천사들이 막달라 마리아에게 이렇게 물어봐요. "여자여 어찌하여 우느냐." 마리아가 아니라 천사들이 먼저 말을 걸어온 것입니다. 아쉬운 사람은 마리아인데, 마리아에게 먼저 걸어온 분이 누구냐면 천사라는 사실입니다. 사실 무덤에 있는 천사들의 형상은 그냥 "흰옷을 입었다" 그렇게 말하지만 마태복음 28:2-3에 보면 "광채가 난다." 그리고 그 형상이 얼마나 대단한지 "그 형상이 번개 같고 그 옷은 눈같이 희었다." 이렇게 말해줍니다.

> [2] 큰 지진이 나며 주의 천사가 하늘로부터 내려와 돌을 굴려 내고 그 위에 앉았는데 [3] 그 형상이 번개 같고 그 옷은 눈 같이 희거늘(마 28:2-3).

무덤 안에 흰옷을 입은 두 천사가 있으므로 조명이 필요하지를 않습니다. 새벽의 무덤은 캄캄합니다. 캄캄해야 할 새벽의 무덤입니다. 죽음이 출입하는 무덤에 흰옷 입은 천사가 들어온 거예요. 이것은 십자가의 지옥을 제거할 뿐만 아니라 우리 주님 예수 그리스도의 천상적인 위엄이 여기에 빛나게 일어나는 것을 보게 됩니다. 무덤은 세상에서 절망이 있던 가장 어두운 공간입니다. 무덤은 사람들에게 절망을 주는 거예요. 더욱이 캄캄한 새벽의 무덤은 그야말로 모든 사람으로 하여금 두려움과 공포를 주는 곳입니다. 그런데 눈이 부시도록 하얀 두 천사가 하늘의 조명처럼 예수님의 무덤을 대낮보다 더 밝게 비춰 주고 있는 거라 이 말입니다. 이것은 아무리 지독한 어둠도 빛으로 바꾸고, 아무리 무거운 절망도 밝은 희망으로 바꾸며, 절망적인 불가능도 가능으로 바꾸는 반전입니다. 이것이 무엇인가? 예수 그리스도의 부활이라는 사실입니다. 천사가 예수님 시신의 머리와 발 편에 앉은 것은 하나님 나라의 영광을 무덤에서부터 보여주기 시작한 것을 말해줍니다. 예수님의 부활로 절망과 좌절의 장소가 희망의 장소로 변한 것이라는 사실입니다. 세상의 나라에서 하나님의 나라를 보게 한 곳이 바로 어디냐면 빈 무덤이라는 사실입니다. 천사들이 먼저 마리아에게 물은 것은 큰 의미가 있습니다. 이것은 하나님 나라의 특징입니다.

## 여자여 어찌하여 울며 누구를 찾느냐

예수님 역시 마리아에게 먼저 물으세요. 예수님께서 마리아에게 말씀하신 것이 두 번인데, 첫 번째는 부르실 때 "여자여"라고 부릅니다. "예수께서 이르시되 여자여 어찌하여 울며 누구를 찾느냐." 이때 마리아는 예수님이 누구인지를 잘 모르고 오히려 동산지기인 줄 알고 "예수님이 어디 있냐"라고, "시신이 어디 있냐"라고 물었던 것입니다. 그런데 이어서 두 번째, 예수님은 마리아를 부를 때 이름을 부릅니다. "마리아야." 여기 믿음이 참 신비한 것을 우리에게 가르쳐 주십니다. 사람은 이생과 내생의 간극을 좁힐 수가 없어요. 이생과 내생을 인간은 도무지 알 수가 없습니다. 이생과 내생은 전혀 새로운 세계입니다. 이생에서 내생을 이해할 수가 없습니다. 물론 내생의 일을 알 수도 없고 말할 수도 없습니다. 믿음 역시 마찬가지예요. 인간의 생각, 인간의 이성, 인간의 어떤 수단과 방법으로 하나님 나라의 믿음을 알 수가 없는 거라 이 말입니다. 아무리 마리아가 예수님을 사랑하고 또 예수님에 대한 열정이 있다고 할지라도, 부활의 예수님을 알 수 없고 이해할 수 없는 것입니다. 마찬가지로 이 세상에서 천국의 일을 알 수 없고, 이해할 수가 없는 것이 우리 인간의 한계인 것을 가르쳐 주십니다. 믿음은 인간의 노력이나 열정으로 얻어지는 것이 결코 아니라는 것을 우리에게 가르쳐 주십니다. 믿음은 천상의 일로, 하나님의 역사로, 그야말로 우리에게 값없이 주시는 하나님의 선물인 것을 우리에게 가르쳐 주십니다.

> 8 너희는 그 은혜에 의하여 믿음으로 말미암아 구원을 받았
> 으니 이것은 너희에게서 난 것이 아니요 하나님의 선물이라 9
> 행위에서 난 것이 아니니 이는 누구든지 자랑하지 못하게 함
> 이라(엡 2:8-9).

마리아를 부르시는 예수님의 모습을 보십시오. 무덤을 쳐다 보고 있고 나와 있는데 곁에 있는 예수님을 알 수가 없어요. 그런데 그 무덤, 그곳까지 누가 찾아오시냐면 예수님이 찾아오신 것입니다. 누구에게 찾아오셨어요? 마리아에게 찾아오신 것입니다. 빈 무덤을 보고 있던 마리아는 천사와 대화를 한 후 무덤에서 나옵니다. 그런데 그곳에 예수님이 계신 것입니다. 그리고 마리아를 향하여 "여자여 어찌하여 울며 누구를 찾느냐." 마치 다정다감한 아버지처럼, 친정어머니처럼 따뜻하게 마리아를 부르십니다. 예수님은 마리아 곁에 서 계십니다. 마리아와 예수님의 만남은 마리아가 아니라 예수님의 오심으로 이루어지게 된 겁니다. 마리아는 죽은 예수님을 찾았지만 살아계신 예수님께서 마리아를 만나신 것입니다.

이것은 우리에게 절대적으로 중요한 것을 깨닫게 해주는데, 사람은 사람이 다시 산다는 것을 모른다는 사실입니다. 사람은 부활을 모른다는 사실입니다. 죽은 예수님을 찾는 마리아에게 살아나신 예수님이 만나주신 것입니다. 사람이 예수님을 만나는 것이 아니라 예수님이 사람을 만나주신다는 사실입니다. 죽은 예수님을 찾으려는 시도는 허사일 뿐인데, 사신 예수님이 사람을 만나 주심으로 예수님을 만남은 성공하게 되는 겁니다. 우리 모두 다 사실은 예수님을 만나는 이 일은 불가능하고 예수님께서 우리를 만나주심으로 우리가 주님을 만나게 된다는 사실입니다.

바울 사도는 바리새인 중 바리새인이고, 어렸을 때부터 성경을 배운 박사이지만 그것으로 하나님을 만나지 못하고 예수님을 알 수가 없습니다. 그런데 다메섹에 내려가던 바울 사도에게 예수님이 나타나심으로 그가 주님을 만나게 되는 겁니다. 삭개오 역시 마찬가지예요. 그가 세리장이었고 동네 사람들에게 무시당하는 죄인이지만, 예수님이 그에게 찾아가 주시고 만나주심으로 삭개오가 주님을 만나게 되는 겁니다. 예수님은 마리아에게 오실 뿐 아니라 말씀해 주십니다. "여자여 어찌하여 울며 누구를 찾느냐?" 그러다가 두 번째는 "마리아야"라고 부르십니다. 그의 이름을 부른 거라 이 말입니다. 친밀감을 표현하고 마리아가 예수님에게 속한 자임을 말해주십니다. 이것은 마치 이스라엘 백성들을 향해서 "내가 너를 이름으로 불렀나니 너는 내 것"이라고 말씀하신 것처럼 "마리아야"라고 부르신 것은 마리아가 주님의 것임을 예수님께서 인정하고 있는 거라 이 말입니다.

야곱아 너를 창조하신 여호와께서 지금 말씀하시느니라 이스라엘아 너를 지으신 이가 말씀하시느니라 너는 두려워하지 말라 내가 너를 구속하였고 내가 너를 지명하여 불렀나니 너는 내 것이라(사 43:1).

## 랍오니

여러분, "마리아여"라고 부를 때에 마리아가 예수인 것을 깨닫습니다. 순간적으로 그의 입에서 나온 첫마디가 "랍오니"입니다. "랍오니"는 히브리 말로 그 뜻은 "선생님"입니다. 예수님께서 마리아를 향하여 "여자여, 어찌하여 우느냐"라고 부를 때 예수님의 목소리는 똑같았어요. 그 목소리도 똑같고 톤도 똑같았는데, 마리아가 자기의 이름을 부르는 주님의 그 음성을 알아들은 거예요. 여러분, 예수님께서 마리아의 이름을 부르면서 마리아로 하여금 예수인 것을 깨닫게 해주셨다는 사실이에요. 마치 목자가 양들의 이름을 각각 부를 때 그 속한 양들이 목자의 음성을 듣고 목자를 따르듯이, 마리아는 자기의 이름을 불러 찾으시는 예수님의 부름을 듣고 예수님을 알아본 것입니다. 양은 목자의 음성을 알고, 목자도 양을 알듯이 마리아가 예수님의 음성을 듣고 깨달은 것입니다. 삭개오를 부를 때도 마찬가지요. "삭개오야, 내려오라"라고 말할 때 삭개오가 그렇게 좋아할 수가 없었습니다. 주님은 우리를 부를 때에 우리의 이름을 부른다는 사실입니다. 마리아는 자신의 이름을 부르는 예수님의 음성을 듣고 전율을 느낍니다. 그리고 죽음의 의식에서 깨어납니다. 그리고 예수님을 등졌던 마리아가 돌아섭니다. 몸을 돌려 예수님께 마주합니다. 몸도 돌아서고 마음도 돌아선 것입니다.

여기 마리아가 예수님의 음성인 줄 알고 "랍오니", "선생님"이라고 자연스럽게 부른 것은 마리아가 예수님을 향한 사랑과 그리움인 것을 알 수 있습니다. 그리고 "랍오니", "선생님"이라는 의미에는 순종의 의미가 담겨 있습니다. "선생님은 나의 스승이고 나는 선생님의 제자"라는 사실입니다. 마리아는 예수님을 향해서 순간적이지만 그가 누구인가를 깨닫고 그의 입에서는 "당신은 선생님이고 나는 제자"라는 순종의 의미가 담겨 있는 말을 한 겁니다. 이게 믿음입니다. 여러분, 부활의 주님을 아는 일은 인간의 이성이나 지식으로 불가능합니다. 부활의 주님을 믿는 일은 주님의 음성을 듣고 주님을 배웠다고 믿어지는 것도 결코 아닙니다. 마리아는 예수님의 음성을 듣고 부활의 예수님을 보았지만 동산지기로 알았고 예수님을 알지 못했습니다. 부활의 주님을 믿는 것, 우리가 예수님을 믿는 믿음은 내게 있는 게 아니라 주께서 우리에게 선물로 주심으로 우리가 그 믿음을 갖게 되고 부활의 주님을 깨닫게 된다는 사실입니다.

누가복음 24장에 보면 엠마오로 내려가는 두 제자를 기억하실 겁니다. 예수님이 부활하시고 제자들과 함께 엠마오로 내려가면서 대화합니다. 그날에 있었던 일에 대해서 서로 주거니 받거니 하고 예수님께서 대답도 하시고 그들의 대답도 들어요. 그런데 그들은 전혀 예수님이라는 사실을 모릅니다. 엠마오로 내려서 드디어 자기들의 처소까지 와서 예수님께 간청해서 같이 들어와서 거하기를 원합니다. 놀랍게도 집에 돌아가서 예수님께서 떡을 떼고 그리고 축사하시고 떼어서 그들에게 주시는 순간 그들의 눈이 떠지게 됩니다. 그리고 예수인 것을 깨닫는데, 순간적으로 부활의 예수님은 사라지고 맙니다. 그때 그들의 고백이 이런 고백이에요. "말씀을 들을 때 우리의 마음이 뜨겁지 아니하냐."

> 30 그들과 함께 음식 잡수실 때에 떡을 가지사 축사하시고 떼
> 어 그들에게 주시니 31 그들의 눈이 밝아져 그인 줄 알아 보더
> 니 예수는 그들에게 보이지 아니하시는지라 32 그들이 서로
> 말하되 길에서 우리에게 말씀하시고 우리에게 성경을 풀어

주실 때에 우리 속에서 마음이 뜨겁지 아니하더냐 하고 33 곧
그 때로 일어나 예루살렘에 돌아가 보니 열한 제자 및 그들과
함께 한 자들이 모여 있어 34 말하기를 주께서 과연 살아나시
고 시몬에게 보이셨다 하는지라(눅 24:30-34).

우리가 믿음을 가지고 부활의 주님을 만나는 것은 우리에게 있는 게 아니라 주님이 우리에게 찾아와 주시고 우리를 부르시고 만나주심으로 우리가 믿게 되고 깨닫게 된다는 사실입니다. 여러분, 부활의 주님을 믿는다는 것, 부활의 주님을 우리가 안다는 것은 전적인 하나님의 은혜라는 것을 잊지 마시기를 바랍니다. 우리가 이렇게 믿음으로 사는 것, 주일 날 주님 앞에 나와서 예배를 드리는 것, 우리의 삶 속에서 믿음으로 생각하고 행동하는 이 모든 것이 하나님의 은혜임을 잊지 마시기를 바랍니다.

그러므로 믿음은 들음에서 나며 들음은 그리스도의 말씀으로 말미암았느니라(롬 10:17).

그런가 하면 니고데모에게 이렇게 말합니다.

예수께서 대답하시되 진실로 진실로 네게 이르노니 사람이 물과 성령으로 나지 아니하면 하나님의 나라에 들어갈 수 없느니라(요 3:5).

또 베드로전서 1:23에 보면 이렇게 말합니다.

너희가 거듭난 것은 썩어질 씨로 된 것이 아니요 썩지 아니할 씨로 된 것이니 살아 있고 항상 있는 하나님의 말씀으로 되었느니라(벧전 1:23)

그것만이 아니에요.

우리를 구원하시되 우리가 행한 바 의로운 행위로 말미암지 아니하고 오직 그의 긍휼하심을 따라 중생의 씻음과 성령의 새롭게 하심으로 하셨나니(딛 3:5).

믿음은 전적으로 하나님의 은혜인 것을 우리에게 가르쳐 주십니다. 부활의 주님을 믿는 믿음도 오직 하나님의 은혜예요. 하나님의 말씀을 풀어 주님의 고난과 영생에 대하여 증거하는 일에 우리의 마음을 풀어주시고 역사하는 분이 누구인가? 성령 하나님이고, 그분의 역사라는 사실입니다. 그리스도의 복음을 듣고 그 복음을 깨닫게 하고 가슴을 뜨겁게 하고 예수님을 영접하고 믿음으로 서게 하는 게 누구인가? 성령 하나님께서 말씀으로 우리에게 역사하심으로 된다는 사실입니다.

그러므로 중생한 사람, 예수 믿는 사람은 하나님의 말씀을 사모합니다. 중생한 사람, 예수 믿는 신자는 성령 하나님을 의존합니다. 인간의 생각과 사상을 버리고 인간의 지혜와 지식을 배설물로 여기고, 오직 하나님께만 관심을 가지고, 진리 알기에 힘쓰고, 하나님의 사람으로 사는 것을 즐거워하고 기뻐하며, 주님을 자랑스럽게 생각하고, 주님 만날 것을 고대하면서 삽니다. 세상을 자랑하지 않고, 내 집에 세상 방식이 들어오는 것 싫어하고, 교회에 세상 방식이 들어오는 것을 싫어하고, 세속적인 것과 세속화를 밀어내고 천상의 소식 듣기를 원하고, 진리 알기를 원하고, 진리를 깨달을 때 감격과 기쁨이 넘쳐납니다. 엎드려 기도하는 시간이 길어지고, 성경 배우는 일에 열정을 가지고, 주님 섬기는 일에 힘을 다하고, 세월이 급하게 흘러가는 것 때문에 고민하며 살며 "어떻게 하면 주님을 기쁘시게 할까? 어떻게 하면 더 주님을 잘 섬길까? 어떻게 하면 교회에 충성할까? 모르는 성도들에게 어떻게 하면 더 잘 알게 할 수 있을까?" 성도를 가족처럼 생각하고 더 기도하고 우리의 생각과 관점이 달라지게 된다는 사실입니다. 이 세상에서 하늘을 향하고, 세상 지식에서 진리를 향하는 이게 바로 예수 믿는 하나님의 사람들, 부활의 주님을 만난 사람들의 아름다운 모습이라는 것을 가르쳐 주십니다.

## 내가 아직 아버지께로 올라가지 아니하였노라

그런데 오늘 우리가 살펴봐야 할 또 한 가지가 있는데, 예수님 발견한 마리아, 감격해서 달려와 예수님에게 안기려 하는데, 마리아를 향해서 멈추게 만듭니다. 마리아는 감격해서 예수님 품에 안기고 싶었을 거예요. 아마 저 같아도 마찬가지였을 겁니다. 그런데 예수님께서 예상 밖의 말씀을 하세요.

> 예수께서 이르시되 나를 붙들지 말라 내가 아직 아버지께로 올라가지 아니하였노라 너는 내 형제들에게 가서 이르되 내가 내 아버지 곧 너희 아버지, 내 하나님 곧 너희 하나님께로 올라간다 하라 하시니(요 20:17).

너무 좋아서 예수님을 향해서 달려가는 마리아. 끌어안고 싶은 마리아. 그런데 이렇게 말해요. "나를 붙들지 말라. 내가 아직 아버지께로 올라가지 아니하였다." 여러분, 마리아가 예수님을 붙든다고 예수님께서 하나님께 올라가는 게 방해가 될 수 있나요? 아니요. 마리아는 그런 힘이 없어요. 능력이 없어요. 인간 천만 명이 예수님을 붙든다 해도 예수님께서 하늘로 올라가는 것을 막을 수 없습니다. 그런데 딱 두 군데만 봐도 이것을 아니라는 것을 발견하게 됩니다.

예수께서 그들을 만나 이르시되 평안하냐 하시거늘 여자들이 나아가 그 발을 붙잡고 경배하니(마 28:9).

여기서는 예수님이 "나 붙잡지 마라" 이렇게 말하지를 않습니다. 그런가 하면 의심 많은 예수님의 제자 도마에게는 그 손과 그리고 옆구리 보여주면서 "한번 봐라. 만져봐라. 찔러봐라" 그렇게 말합니다.

도마에게 이르시되 네 손가락을 이리 내밀어 내 손을 보고 네 손을 내밀어 내 옆구리에 넣어 보라 그리하여 믿음 없는 자가 되지 말고 믿는 자가 되라(요 20:27).

이것을 종합해서 보면 예수님께서 하늘로 올라가기 전에 누구와도 접촉해서는 안 된다는 뜻으로 풀 수 없다는 사실입니다. "나를 붙들지 말라. 내가 아버지께로 올라가지 아니하였다." 도대체 이 의미가 무엇이란 말입니까? 여러분은 어떻게 생각하십니까?

이것은 "나를 붙잡아 두려고 하지 마라. 내가 아직 아버지께로 올라가지 아니하였는데 올라가면 성령으로 다시 올 터이니 그때가 되면 지금까지의 교제와는 전혀 다른 풍성한 교제를 하게 될 터이니 나를 잃을까 봐 단단히 붙들지 말라." 이런 뜻입니다. 다시 말해서 "인간적으로 예수님을 생각하지 마라." 이런 뜻입니다. "내가 다시 온다." 여러분, 인간적으로는 예수님을 붙들 수도 없고, 그렇게 우리는 믿음으로 살아갈 수가 없습니다.

또 한 가지가 있는데, 예수님께서 부활하심으로 중대한 변화가 초래됐음을 우리에게 가르쳐 주십니다. 메시아의 영광이 예수님의 부활로부터 시작된 것을 가르쳐 주십니다. 예수님이 승천하시던 마태복음 28장 끝부분에 보면 이렇게 말합니다. "아버지께서 하늘과 땅의 모든 권세를 내게 주셨다"라고 선언하고 있습니다. 예수님이 부활하심으로 하늘과 땅의 모든 권세를 가지신 분이 누구인가? 예수님이라고 말해줍니다. 그런데 부활하심으로 끝나는 게 아니라 하늘에 오르셔서 하나님 보좌 우편에 앉으심으로 완성이 된다는 뜻입니다. 이 말은 예수님이 부활하심으로 말미암아 모든 만물의 왕이시고 모든 권세를 가지신 왕이시고, 예수님만이 생명이고 영생이라는 것을 우리에게 가르쳐 주십니다. 그 부활의 주님은 영광의 나라의 보좌에 앉으심을 말씀해 주십니다. 그리고 먼 훗날 종말에 예수님께서 다시 오심을 우리에게 가르쳐 주십니다. 여러분, "나를 만지지 말라." 이 뜻은 인간적으로 예수님을 붙들 수 없음을 우리에게 가르쳐 주십니다. 인간적으로 우리는 신앙생활을 할 수 없음을 우리에게 가르쳐 주십니다.

## 너는 내 형제들에게 가서 이르되

마지막으로 아주 중요한 것을 우리에게 가르쳐 주십니다. 그것은 마리아에게 사명을 주십니다. "너는 내 형제들에게 가서 이르되 내가 내 아버지 곧 너희 아버지, 내 하나님 곧 너희 하나님께로 올라간다 하라." 여기 "내 형제들"이라고 말할 때 "내 형제"는 예수님의 형제를 말하지 않아요. 18절에 보면 마리아가 예수님의 "제자들에게" 가서라고 말합니다. 그것을 보면 "내 형제들" 이라는 말은 "예수님의 제자들"을 말합니다. 예수님께서 제자들을 향해서 "내 형제들" 이렇게 말합니다. 부활하신 예수님이 제자들을 부를 때에 차이를 두고 말하는 게 아니라 내 형제들이라고 말합니다.

그리고 더 기가 막힌 말씀을 하세요. "내 아버지 곧 너희 아버지, 내 하나님 곧 너의 하나님"이라고 말씀해 주십니다. 여러분, 예수님이 부활하셨음에도 불구하고 제자들은 부활 전과 부활 후의 그것을 이해할 수 없는 거예요. 부활 전에는 인간 이성의 눈으로, 육신의 눈으로 볼 수 있지만, 부활 후에는 볼 수가 없는 거예요. 천양지차예요. 믿음이 없을 때와 믿음이 있을 때는 천양지차예요. 그런데 부활의 주님께서 아직 부활이 무엇인가를 모르는 제자들, 그들을 향해서 이렇게 말합니다. "내 형제들" 이라고 말해요. "내 아버지 곧 너희 아버지, 내 하나님 곧 너희의 하나님"이라고 말해줍니다.

이게 기독교입니다. 주께서 우리에게 이렇게 은혜를 주시는 거예요. 그분이 우리를 이렇게 인도해 주시는 거예요. 부활 전부터 끌어서 부활로 알게 하시고 믿게 하시는 분이 예수님이라는 사실입니다.

여기에 기가 막힌 주님의 의도가 있어요. 마리아를 시킵니다. 마리아는 인류 역사에 부활의 주님을 만난 첫 여인이에요. 막달라 마리아는 교만할 수 있고 우쭐댈 수 있고, 제자들보다 훨씬 더 위에 있는, "내가 먼저 부활하신 예수님을 봤다." 그것이 있을 수 있는데 주님은 질서의 하나님이세요. 그 여인을 통해서 거꾸로 "내 형제들"이라고 "내 아버지, 너의 아버지, 내 하나님, 너의 하나님"이라고 그들에게 가서 전달하고, 그들을 통해서 역사를 이루도록 우리 주께서 의를 이루어 가고 있다는 사실이에요. 예수님은 주의 종들을 세우시고 그들을 통해서 일하고 계심을 우리에게 말씀해 주십니다. 예수님은 질서의 주님이십니다. 비겁하게 보이는 제자들을 뒤로 밀치지 않습니다. 오히려 제자들을 세워주시고, 마리아를 통해서 부활의 주님이 제자들을 어떻게 대하시는가를 알게 하십니다. "내 형제들"이라고 말합니다. "내 아버지 곧 너희 아버지"라고 부르고, "내 하나님 곧 너희 하나님"이라고 알려주십니다. 예수님은 제자들을 가족처럼 대하고, 자기 아버지와 하나님을 제자들의 아버지와 하나님으로 제자들을 대하십니다. 그리고 그 제자들에게 그리고 마리아에게 깨닫게 하시는 거예요.

> 예수께서 이르시되 나를 붙들지 말라 내가 아직 아버지께로 올라가지 아니하였노라 너는 내 형제들에게 가서 이르되 내가 내 아버지 곧 너희 아버지, 내 하나님 곧 너희 하나님께로 올라간다 하라 하시니(요 20:17).

여기 아주 중요한 부분이 있어요. 그들로 하여금 눈을 뜨게 해서 어디를 바라보게 하냐면 하나님 나라를 보게 한다는 사실이에요. 어디로 올라간다고 말해요? 하나님께로 올라간다고 말씀해 주십니다. 방향과 목적이 분명한 겁니다. 예수님의 방향과 목적은 하늘이에요. 신앙의 방향과 목적이 분명한 것을 가르쳐 줘요. 하늘이라는 것을 가르쳐 주십니다. 이 땅이 아니라 하늘이라고 말해줍니다. 주님은 하늘로 올라간다고 말씀해 주십니다. 신자의 최종 목적지는 하나님의 나라이고 하나님 아버지이십니다.

죽은 예수님을 찾은 마리아이지만, 부활하여 살아나신 예수님께서 마리아에게 찾아오셨듯이 오늘 우리에게 찾아오신 분이 예수님이십니다. 부활의 주님만이 소망입니다. 그리고 하늘에서 하나님 아버지와 함께 사는 것이 우리의 최종 목적입니다. 우리 모두 이 세상에서 믿음으로 살고 더 믿음으로 살아 먼 훗날 천국에서 하나님과 함께 사는 저와 여러분들이 되기를 바랍니다.